Spiritualità

di Osho

nella collezione Oscar

L'ABC del risveglio
Alleggerire l'anima
L'amore nel Tantra
Aprirsi alla vita
L'arte del mutamento
L'arte di ricrearsi
Il benessere emotivo
Il Canto della Meditazione
La canzone della vita
Che cos'è la meditazione
Con te e senza di te
Il gioco delle emozioni
L'immortalità dell'anima
Innamorarsi dell'amore
Liberi di essere
Il lungo, il corto, il nulla
I Maestri raccontano
Il miracolo più grande
I misteri della vita
Il mistero femminile
Orme sulle rive dell'ignoto
Questa è la vita
Ricominciare da sé
Tantra, amore e meditazione
La verità che cura
Una vertigine chiamata vita
La via del cuore
La voce del mistero
Yoga, amore e meditazione
Yoga della comprensione interiore
Yoga: il respiro dell'infinito
Yoga: la scienza dell'anima
Yoga per il corpo, la mente, lo spirito
Yoga: potenza e libertà

Osho

IL GIOCO
DELLE EMOZIONI

Liberarsi da rabbia, paura e gelosia

Traduzione di Swami Anand Videha

OSCAR MONDADORI

© 2000 Osho International Foundation
© 2002 News Services Corporation
per l'edizione italiana
Titolo originale dell'opera: *Selected Discourses on the Topics* by Osho
© 2004 Arnoldo Mondadori Editore S.p.A., Milano
© 2016 Mondadori Libri S.p.A., Milano

OSHO è un marchio registrato di proprietà
della Osho International Foundation usato su licenza/concessione.

I edizione Oscar varia settembre 2004
I edizione Oscar spiritualità gennaio 2009

ISBN 978-88-04-58665-4

Questo volume è stato stampato
presso ELCOGRAF S.p.A.
Stabilimento - Cles (TN)
Stampato in Italia. Printed in Italy

Anno 2016 - Ristampa 15 16 17 18 19 20 21

www.osho.com

www.librimondadori.it

Il gioco delle emozioni

*Ricordati sempre
che i problemi sono tuoi...*

Premessa

Una dimensione diversa

Il titolo di questo libro potrebbe dare al lettore l'idea di trovarsi in mano un altro "manuale fai-da-te". Non è così: la lettura di queste pagine aprirà a una dimensione diversa, in cui tutti gli interrogativi relativi al "come fare per" si dissolvono in una percezione diretta della propria realtà più intima e nascosta.

Infatti, Osho spiega:

«Noi tendiamo a ridurre tutto al come fare qualcosa. Nel mondo intero esiste un orientamento automatico in questo senso, e tutti, in particolare la mente dell'uomo moderno, operano così: come fare questo, come fare quello, come diventare ricco, come avere successo, come influenzare le persone e farsele amiche, come meditare, addirittura come fare l'amore. Non è lontano il giorno in cui uno stupido qualsiasi chiederà come si fa a respirare! No, non si tratta affatto di "come" fare qualcosa: non si deve ridurre la vita a una tecnica. Una vita ridotta a tecnica perde totalmente il sapore della gioia.»

In queste pagine troverai intuizioni che schiudono la tua comprensione intuitiva di te stesso e del tuo mondo interiore. Alcune delle idee che ti troverai davanti potrebbero disturbarti, potrebbero essere in contrasto con tutto ciò che pensi di sapere già. Altre potrebbero sconvolgerti, facendoti vedere inesorabilmente una verità che senti di avere sempre saputo, ma che non sei mai riuscito a tradurre in parole e in comprensione consapevole.

In ogni caso, adesso rilassati... prenditi tutto il tempo per lasciare sedimentare ciò che accade e osserva. Torna a leggere e a rileggere ciò che ti colpisce: ben presto scoprirai che tra le righe affiorano nuovi livelli di comprensione, man mano che ti avvicini sempre di più alla verità del tuo essere.

No, questo non è affatto un "manuale": è piuttosto una lampada che puoi utilizzare per illuminare gli angoli più nascosti della tua individualità, che resta unica e irripetibile.

E questo non è un libro da divorare: lo si deve centellinare, lasciando che scorra lentamente; soprattutto quando alcune affermazioni tornano a ripetersi. Non c'è fretta, la fine è simile al principio: occorre lasciar decantare in se stessi queste parole, lasciare che cantino la loro canzone di risveglio. Solo così potrà affiorare una comprensione.

Per aiutare a uscire dalla dimensione "concettuale", molte parti sono presentate in forma poetica: un ritmo di esposizione diverso, infatti, può aiutare la lettura senza che la mente ripeta in modo meccanico la sua abitudine a ragionare, assorbire informazioni, incasellando quelle utili nel momento ed eliminando il resto, forse non leggendolo affatto!

Ecco perché, in certi punti, si è voluto ritornare su alcuni passaggi importanti per sottolineare alcuni meccanismi di fondo che ci condizionano e ci determinano. Buona lettura!

Introduzione
L'arte di essere se stessi

Che cos'è mai la nostra cosiddetta esistenza?
Una raffica di vento invernale
scompare nel folto del canneto
e si acquieta fino a calmarsi.

Una breve commedia, un semplice gioco... e sei finito.

La nostra cosiddetta vita è tanto effimera che non ci si dovrebbe attaccare. La sua unica funzione – la sola funzione che le si addica realmente – può solo essere questa: trovare l'immortale.

Nascosto dietro ogni istante, dimora l'eterno. Ma puoi continuare a spostarti sulla superficie, senza mai scendere in profondità nella tua consapevolezza.

Potresti muoverti sulla superficie per milioni di vite, simile alle onde dell'oceano. È solo uno spreco di un'immensa coscienza capace di aprire tutte le porte del tuo essere originale, della tua creatività, della tua bellezza, della tua gioia. Ogni istante diviene un istante vibrante di danza.

Penetrare l'essenza della vita

Recentemente hai detto che la maggioranza dell'umanità non vive, ma vegeta. Per favore, parlaci dell'arte di vivere, un'arte in grado di far diventare anche la morte un momento di festa.

L'uomo nasce per scoprire la vita, ma tutto dipende da lui. Può lasciarsela sfuggire: può continuare a respirare, a mangiare, può continuare a invecchiare e a procedere verso la tomba... ma questa non è vita. Dalla culla alla tomba, ci si incammina gradualmente verso la morte: una morte progressiva che impiega settant'anni a compiersi.

Milioni di persone intorno a te muoiono di una morte lenta e graduale, quindi anche tu cominci a imitarli. I bambini imparano tutto dalle persone che hanno intorno, e noi tutti siamo circondati da persone morte.

Quindi, per prima cosa bisogna capire quello che io intendo, parlando di "vita".

La vita non dev'essere solo un cammino verso la vecchiaia, ma una crescita continua. Sono due cose completamente diverse. Tutti gli animali invecchiano, crescere è prerogativa degli esseri umani. Ma solo pochi rivendicano il proprio diritto a crescere.

Crescere significa penetrare, momento per momento, sempre più in profondità, l'essenza della vita; non significa avvicinarsi alla morte, ma allontanarsi sempre più dalla morte. Più ti inoltri in profondità nella vita, più arrivi a comprendere l'essenza immortale che è racchiusa dentro di te. Ti allontani sempre più dalla morte, finché a un certo punto ti accorgi che morire non è altro che cambiare d'abito, cambiare la propria casa, sostituire una forma con un'altra. Niente mai muore, niente può morire.

La morte è il fenomeno più illusorio che ci sia.

Per crescere, basta guardare un albero: l'albero innalza il suo fusto, mentre le sue radici penetrano il sottosuolo sempre più in profondità. C'è un equilibrio: più l'albero cresce, più le sue radici vanno in profondità. Un albero alto quaranta metri non potrebbe reggersi se le radici si estendessero solo in superficie, perché quelle radici non potrebbero sostenere un peso così enorme. Crescere, nella vita, significa evolversi in profondità all'interno di se stessi, poiché le tue radici sono dentro di te.

Per me la meditazione è il principio della vita. Tutto il resto passa in secondo piano. E l'infanzia è il periodo migliore: più si invecchia, più ci si avvicina alla morte, più diventa difficile entrare in meditazione.

Meditazione significa addentrarsi nella propria essenza immortale, nella propria dimensione di eternità, nella propria divinità interiore.

Il bambino è la persona più adatta, perché non è ancora appesantito dalla conoscenza, dalla religione, dall'educazione, non porta ancora addosso il peso di tutta quella spazzatura: è innocente; ma sfortunatamente la sua innocenza viene giudicata come ignoranza. L'ignoranza e l'innocenza hanno una certa somiglianza, ma non sono identiche. L'ignoranza è uno stato di non-conoscenza così come lo è l'innocenza. Ma tra le due esiste una differenza enorme che finora nessuno ha mai rilevato.

L'innocenza è priva di erudizione, ma al tempo stesso non desidera avere alcuna conoscenza. È uno stato di gioia e soddisfazione assoluta.

Il bambino non ha ambizioni, né desideri; è talmente assorto nel momento presente... vede un uccello in volo e ne rimane totalmente incantato. Basta una farfalla, con i suoi bellissimi colori, oppure un arcobaleno, e il bambino non riesce più a immaginare come possa esserci qualcosa di più importante e più ricco di quell'arcobaleno. Poi c'è la notte con tutte le sue stelle, che sembrano estendersi all'infinito...

L'innocenza è ricca, è traboccante, è pura.

L'ignoranza è povera, è un continuo elemosinare: vuole questo, vuole quell'altro, vuole la conoscenza, la rispettabilità, la ricchezza, il potere.

L'ignoranza procede sul cammino dei desideri, l'innocenza è uno stato di assenza di desideri. Ma poiché entrambe sono prive di conoscenza, noi siamo stati sempre confusi rispetto alla loro diversa natura, dando per scontato che fossero la stessa cosa.

Il primo passo nell'arte di vivere sarà creare una linea di demarcazione tra ignoranza e innocenza. L'innocenza va incoraggiata e protetta, perché il bambino porta con sé il tesoro più prezioso, il tesoro che i saggi trovano solo al prezzo di duri sforzi. I saggi sostengono di essere tornati bambini, di essere nati una seconda volta.

In India al vero brahmano, al vero uomo di conoscenza, si è dato il nome di *dwij*, che significa "colui che è nato due volte". Perché "nato due volte"? Che ne è stato della prima nascita? Che bisogno c'è di una seconda nascita? E che cosa ha da guadagnare nascendo una seconda volta? Con la seconda nascita, il bambino riacquista ciò che era già suo al momento della sua prima nascita, ma che è stato distrutto e schiacciato dalla società, dai genitori, dalla gente intorno a lui.

Ogni bambino viene completamente imbottito di conoscenza. La sua semplicità in qualche modo va eliminata, perché non gli servirà in questo mondo, una dimensione in cui regna la competizione. La sua semplicità lo farà apparire goffo agli occhi del mondo, e la gente si approfitterà in tutti i modi della sua innocenza. Per paura della società, del mondo che noi stessi abbiamo creato, educhiamo i bambini all'astuzia e all'inganno, li rendiamo istruiti, perché un giorno facciano parte della classe dei potenti e non di quella degli oppressi, affinché non vivano privi di potere. Ma se il bambino comincia a prendere una direzione sbagliata, poi continuerà a seguirla e la seguirà per tutta la vita.

In qualsiasi momento tu ti renda conto di esserti lasciato sfuggire la vita, sappi che la sorgente a cui devi ritornare è l'innocenza. Dimentica la tua conoscenza, i tuoi testi sacri, le tue religioni, le tue teologie, le tue filosofie. Nasci una seconda volta, torna di nuovo innocente. Puoi farlo. Ripulisci la tua mente di tutto ciò che non conosci direttamente, di tutto ciò che hai preso in prestito, che hai ereditato come una tradizione, come una convenzione, o che ti è stato dato da altri: genitori, insegnanti, università... sbarazzati di tutte queste cose!

Ritrova ancora una volta la tua semplicità, torna nuovamente bambino. Questo miracolo può avvenire tramite la meditazione.

La meditazione è una strana operazione chirurgica che ti separa da tutto quello che non ti appartiene, lasciandoti soltanto ciò che è il tuo essere autentico.

Tutto il resto viene bruciato, e tu rimani nudo, solo, esposto al Sole e ai venti. È come se tu fossi il primo essere umano apparso sulla Terra: non sai niente, hai tutto da scoprire, devi cominciare la ricerca, devi partire per il pellegrinaggio...

Il secondo principio è il pellegrinaggio.
La vita deve essere una ricerca. Non desiderio ma ricerca non ambizione, non smania di diventare questo e quell'altro, presidente o Primo ministro di un Paese, ma

una ricerca continua per rispondere alla domanda e scoprire: "Chi sono io?"

È molto strano: le persone non sanno chi siano veramente, eppure cercano di diventare qualcuno... senza neppure conoscere se stesse!

Tutti hanno perso qualsiasi familiarità con il proprio essere, eppure continuano a porsi delle mete da conseguire.

Il divenire è la malattia dell'anima. L'essere sei tu.

La scoperta del tuo essere è l'inizio della vita. Allora ogni momento è una nuova scoperta, ogni momento è motivo di gioia; un nuovo mistero si schiude per la prima volta, un amore sconosciuto comincia a sbocciare dentro di te, una compassione mai provata prima d'ora, una nuova sensibilità per la bellezza, per la bontà...

Diventi talmente sensibile che persino un esile filo d'erba acquista per te un'immensa importanza. La tua sensibilità ti fa capire chiaramente che il filo d'erba, per l'esistenza, è importante quanto la stella più grande. Senza quel filo d'erba, l'esistenza sarebbe sminuita. Quel filo d'erba è unico e insostituibile e ha una sua individualità.

Questa tua sensibilità ti farà stringere nuove amicizie: con alberi, uccelli e animali, con le montagne, i fiumi, gli oceani e le stelle. La tua vita si arricchirà sempre più, mentre amore e amicizia fioriranno.

Un bellissimo aneddoto dalla vita di san Francesco: era in punto di morte e tutti i discepoli si erano radunati intorno a lui per ascoltare le ultime parole del santo che per tutta la vita aveva viaggiato a dorso d'asino, da un paese all'altro, per condividere le sue esperienze con la gente. Le ultime parole, quelle che un uomo dice in punto di morte, sono sempre le più significative, perché contengono l'intera esperienza di una vita. Ma i discepoli non riuscirono a credere alle proprie orecchie: san Francesco non stava parlando con loro ma con il suo asino!

Il santo disse: «Fratello asino, sento di avere un gran debito con te. Mi hai sempre trasportato da un paese all'altro, senza mai lamentarti, senza mai protestare. Desidero solo che tu mi perdoni, prima che io lasci questo mondo, perché mi sono comportato in modo disumano con te».

Queste furono le ultime parole di san Francesco. Occorre una sensibilità enorme per poter chiamare il proprio asino: "Fratello asino", chiedendo il suo perdono.

Man mano che diventi più sensibile, la vita comincia ad apparirti sempre più vasta: non più un piccolo stagno, ma un oceano sconfinato. Non è più una vita limitata a te, tua moglie e i tuoi bambini; ora è una vita che non ha più limiti. L'esistenza intera diventa la tua famiglia. E tu non puoi sapere che cos'è la vita, a meno che l'esistenza intera non sia la tua famiglia, perché nessuno è un'isola, siamo tutti connessi gli uni agli altri. Siamo un immenso continente, siamo legati tra di noi in milioni di modi diversi.

E se il nostro cuore non è colmo d'amore per l'universo intero, la nostra esistenza ne risulterà limitata. La meditazione ti farà diventare sensibile, ti darà un gran senso di appartenenza a questo mondo. Questo è il *nostro mondo*, queste sono le nostre stelle. Non siamo stranieri in questo mondo. Apparteniamo all'esistenza, ne siamo parte intrinseca; siamo il cuore stesso dell'esistenza.

Inoltre la meditazione ti porterà in dono un grande silenzio, perché non ci sarà più tutta l'immondizia della tua conoscenza. Non ci saranno più neanche i pensieri, poiché anch'essi sono parte della conoscenza. Ci sarà solo l'immensità del silenzio, e tu rimarrai sorpreso, perché scoprirai che il silenzio è l'unica vera musica.

La musica è in qualche modo il tentativo di rendere

manifesto quel silenzio. Nell'antichità, i saggi d'Oriente insistevano sul fatto che le grandi arti come musica, poesia, danza, pittura e scultura, hanno tutte origine dalla meditazione. Le arti sono il tentativo di introdurre l'inconoscibile nel mondo del conosciuto, per coloro che ancora non sono pronti a iniziare il pellegrinaggio. Le arti non sono altro che doni per chi non è pronto ad avventurarsi sul cammino. Una bella scultura o una canzone forse possono stimolare il desiderio di andare alla ricerca della sorgente.

La prossima volta che ti capita di entrare in un tempio del Buddha o di Mahavira, siediti in silenzio e osserva quella statua: è una scultura di proporzioni particolari, scolpita in modo tale da suscitare il silenzio interiore di chi la osserva. È l'immagine della meditazione, non ha niente a che vedere con il Buddha o Mahavira. Per questo tutte sembrano identiche. Quando vedi una di fianco all'altra le statue di Mahavira, del Buddha, di Neminatha, di Adinatha e di tutti gli altri *tirthankara* giainisti, ti sembreranno tutte uguali, esattamente identiche.

Quando ero bambino spesso chiedevo a mio padre: «Puoi spiegarmi come possono esistere ventiquattro persone uguali? Tutte della stessa statura, con lo stesso naso, la stessa faccia, la stessa fisionomia?».

E lui rispondeva: «Non lo so. Anch'io mi stupisco che non ci sia la minima differenza. Non si è mai sentito dire che in tutto il mondo esistano due persone assolutamente identiche. Che dire di ventiquattro?».

Man mano che la mia meditazione cominciava a dare i suoi frutti, trovavo la risposta alla mia domanda. E l'ho trovata da solo, non mi è stata data da altri. Quelle statue non avevano niente a che vedere con gli individui raffigurati, ma si riferivano a qualcosa che avveniva nell'intimo di quei ventiquattro individui, un'esperienza identica per tutti.

In Oriente non abbiamo mai avuto molto interesse per l'esteriorità; abbiamo sempre insistito sulla necessità di rivolgere l'attenzione alla dimensione interiore. Quello che appare esteriormente non ha importanza. Ci sono giovani, vecchi, neri, bianchi, uomini e donne, ma tutto questo non ha importanza... ciò che conta è il silenzio interiore, vasto come un oceano. In quella dimensione oceanica, il corpo assume una certa posizione.

Te ne sarai accorto anche tu, ma non sei stato attento. Quando ti arrabbi, il tuo corpo assume una posizione particolare: te ne sei mai accorto? Quando sei in preda all'ira, tieni i pugni ben serrati, non riesci ad aprirli. E certo non riesci a sorridere... o forse tu riesci a farlo?

Se sente una certa emozione, il corpo assume una posizione particolare. Sono piccole cose, che però hanno un collegamento profondo dentro di noi.

Quelle statue sono fatte per produrre un certo effetto: se ti siedi in silenzio, le osservi, poi chiudi gli occhi, noterai che un'immagine, un'ombra, è penetrata nel tuo corpo, e comincerai a provare una sensazione totalmente nuova.

Quelle statue e quei templi non furono costruiti per i rituali di preghiera, ma per generare esperienze nelle persone. Sono dei laboratori scientifici che non hanno niente a che vedere con la religione. Per secoli ci si è serviti di una particolare scienza segreta che permetteva alle nuove generazioni di restare in contatto con le esperienze delle generazioni passate. Non per mezzo dei libri o delle parole, ma tramite qualcosa che penetra più in profondità: il silenzio, la meditazione, la pace.

Più si espande il tuo silenzio interiore, e più, contemporaneamente e nella stessa proporzione, crescono in te l'amore e l'amicizia. La tua vita diventa danza, momento per momento diventa gioia e celebrazione.

Avete pensato come mai, in tutto il mondo, ogni cultura, ogni società ha alcuni giorni di festa ogni anno? Quei pochi giorni di festa sono una specie di compensazione per essere stati privati della possibilità di celebrare la vostra vita: se non vi venisse dato qualcosa in cambio, la vostra vita potrebbe diventare un pericolo per la cultura e la società in cui vivete.

Ogni cultura deve ricompensarvi in qualche modo, altrimenti vi sentireste completamente persi, infelici, sempre tristi. Ma queste sono false ricompense.

Tutte le luci e i fuochi d'artificio che accompagnano le vostre feste non possono darvi alcuna gioia. Divertono i bambini, in realtà per voi sono solo una seccatura. Ma nel vostro mondo interiore può esserci una continuità di luci, di canti e di gioia.

Ricordati che la società ti ricompensa sempre quando si rende conto che quello che è represso in te potrebbe esplodere e provocare situazioni pericolose, se non venisse compensato in qualche modo. La società trova il modo di lasciarti sfogare le tue repressioni, ma quella non è vera festa, né può esserlo.

La vera festa, la vera celebrazione deve emergere dalla tua vita, nella tua vita. Le feste non possono seguire il calendario: oggi è il 1° novembre e bisogna festeggiare... è strano, siete infelici per tutto l'anno e improvvisamente, il 1° novembre, non lo siete più, anzi, cominciate a ballare! O era falsa la vostra infelicità, oppure è falsa la festa del 1° novembre; entrambe le cose non possono essere vere. E una volta passata la ricorrenza di questo giorno di festa, tornate nei vostri anfratti oscuri, infelici e tormentati dall'ansia!

La vita dovrebbe essere una festa continua, un festival

di luci che continua per tutto l'anno. Solo così puoi crescere, solo così puoi fiorire.

Impara a rendere le piccole cose motivo di celebrazione, di festa.
 In Giappone, per esempio, hanno inventato la cerimonia del tè. In tutti i monasteri Zen e nelle case di tutti coloro che possono permetterselo, esistono dei piccoli templi dove si va a bere il tè. In questo modo, prendere il tè non è più un'azione insignificante della vita di tutti i giorni, ma viene trasformata in celebrazione.
Il tempio dove si va a bere il tè è costruito in un modo particolare: è circondato da un giardino stupendo, pieno di fiori, con un grazioso laghetto dove nuotano i cigni. E gli ospiti devono lasciare le scarpe fuori: si tratta di un tempio... e una volta entrati, è vietato parlare. Devi lasciar fuori i processi mentali, i pensieri e le parole, come hai lasciato fuori le scarpe. Poi ti siedi, assumendo una posizione meditativa, e il tuo anfitrione, chi prepara il tè, si inchina davanti a te molto rispettosamente e tu ricevi la tazza mostrandogli lo stesso rispetto. I suoi movimenti sono così aggraziati, sembra che danzi mentre prepara il tè e dispone di fronte a te piattini e tazzine, come fossi un dio...
Il tè viene preparato in uno speciale samovar da cui escono suoni bellissimi, una musica particolare. Questa fa parte della cerimonia: prima di bere, ognuno deve ascoltare la musica del tè. Tutti rimangono in silenzio ad ascoltare, mentre in giardino gli uccellini cinguettano e il tè canta la sua canzone nel samovar. E tutt'intorno una pace, una tranquillità...
Quando il tè è pronto, viene versato nelle tazze, ma non devi berlo come si fa di solito. Prima ne godi il profumo, poi lo bevi come se fosse un dono dell'aldilà... ci metti del

tempo, non c'è alcuna fretta. A volte qualcuno suona il flauto o il sitar.

Bere il tè è cosa di tutti i giorni, ma i giapponesi l'hanno resa una bellissima cerimonia religiosa, e tutti escono dal tempio arricchiti, si sentono più giovani, più vitali.

Lo stesso si può fare con ogni altra cosa: con i vestiti, con il cibo. La gente vive più o meno in uno stato di sonno, altrimenti si renderebbe conto che ogni tessuto, ogni abito ha una sua bellezza e una sua caratteristica particolare. Se sei sensibile, gli abiti non ti servono più solo per coprire il corpo: sono espressione della tua individualità, del tuo gusto, della tua cultura, del tuo essere.

Ogni cosa che fai deve essere una tua espressione, deve avere la tua firma: allora la vita diventa una festa continua.

In questo modo, anche quando sei a letto malato, riuscirai a trasformare la malattia in una serie di momenti di gioia e di bellezza, di rilassamento, di riposo, momenti di meditazione, momenti in cui ascolti della musica o leggi delle poesie.

Non c'è motivo di rattristarti perché sei malato. Dovresti essere contento di essere a letto come un pascià, mentre tutti gli altri sono in ufficio a lavorare. Qualcuno ti prepara una tazza di tè, mentre il samovar canta la sua canzone e un amico si offre di suonare il flauto per te... queste cose sono più importanti delle medicine.

Quando sei malato chiama il medico, ma soprattutto chiama le persone che ti vogliono bene, perché non c'è medicina migliore dell'amore. Fa' venire le persone che sanno creare intorno a te un'atmosfera di bellezza, di musica, di poesia, perché non c'è niente di più curativo di un'atmosfera di festa. Le medicine sono il modo più primitivo per curare una persona.

Ma sembra che ormai abbiamo dimenticato ogni cosa, quindi siamo costretti a dipendere dalle medicine, e ci sentiamo tristi e irritabili: come se ci mancassero i giorni passati in ufficio! In ufficio sei infelice, ma ti basta un giorno di riposo per sentirti affezionato anche alla tua infelicità... al punto che non te ne vuoi più liberare!

Rendi ogni cosa che fai un atto di creatività, impara a rendere la peggiore delle situazioni il momento più bello della tua vita: questa io la chiamo "arte". E se un individuo ha vissuto ogni momento, ogni fase della sua vita, come un continuo succedersi di momenti di bellezza, amore e gioia, naturalmente la sua morte non potrà che essere il culmine supremo degli sforzi di tutta la vita.

Gli ultimi ritocchi... la sua morte non sarà squallida, come lo è quella di tutti. Se la tua morte è squallida, vuol dire che hai sprecato tutta la tua vita.

La morte dovrebbe essere una tranquilla accettazione, un addentrarsi con amore nell'ignoto, un addio gioioso a tutti i vecchi amici, al vecchio mondo. La morte non dovrebbe essere una tragedia.

Lin Chi, un Maestro Zen, era in punto di morte, e migliaia di discepoli si erano radunati intorno a lui per ascoltare il suo ultimo sermone. Ma Lin Chi se ne stava semplicemente sdraiato, sorridente, pieno di gioia, senza dire una parola.

Rendendosi conto che il Maestro stava per morire senza dire niente, un amico, anche lui un Maestro, pregò Lin Chi di parlare.

Costui non era un discepolo di Lin Chi, per questo poteva rivolgersi a lui e dirgli: «Lin Chi, ti sei dimenticato di lasciarci le tue ultime parole? Ho sempre pensato che tu non avessi una buona memoria. Stai per morire... te ne sei dimenticato?».

E Lin Chi rispose: «Ascoltate...». Sul tetto della casa

due scoiattoli si rincorrevano, squittendo. «Che bello...» disse Lin Chi. E morì. Per un attimo, quando disse: "Ascoltate...", il silenzio fu assoluto.

Tutti pensavano che stesse per fare un'affermazione importantissima, ma c'erano solo i due scoiattoli che si rincorrevano sul tetto, squittendo e bisticciando... Poi un sorriso, e la morte.

Ma proprio quello era l'ultimo messaggio del Maestro: non create divisioni tra il piccolo e il grande, tra le banalità e le cose importanti. Ogni cosa è importante. In quel momento la morte di Lin Chi era importante quanto i due scoiattoli che si rincorrevano sul tetto. Non c'era alcuna differenza; per l'esistenza era la stessa cosa. Quella era tutta la sua filosofia, l'insegnamento di tutta la sua vita: non esistono né le grandi cose, né le piccole cose. Tutto dipende da te e dall'uso che ne fai.

Incomincia con la meditazione, e il resto crescerà spontaneamente dentro di te: il silenzio, la serenità, la beatitudine, la sensibilità. Cerca di introdurre nella vita quotidiana tutto quello che emerge dalla meditazione. Condividilo con gli altri, perché tutto ciò che viene condiviso cresce rapidamente.

E quando arriverà il momento di morire, ti renderai conto che la morte non esiste. Puoi dire addio al mondo senza piangere, senza essere triste, magari piangendo lacrime di gioia, ma non di tristezza.

Ma devi cominciare con l'essere innocente...

Per prima cosa, sbarazzati di tutti i rifiuti che ti porti appresso. Ognuno di noi porta con sé tanta di quell'immondizia... perché? Solo perché ti è stato detto che sono idee nobili, principi di vita...

Finora non sei stato intelligente. Comincia a esserlo...

La vita è molto semplice, è una danza gioiosa. Il piane

ta intero può traboccare di gioia e danze, ma ci sono individui che hanno tutto l'interesse affinché nessuno più sorrida, affinché nessuno più rida, e che la vita venga vissuta come un peccato, una sofferenza...

Come puoi goderti la vita, quando l'atmosfera che ti circonda ti ricorda in continuazione che la vita è un castigo? Che stai soffrendo perché hai peccato e che questa è una specie di prigione, dove sei rinchiuso per soffrire?

Io vi dico che la vita non è una prigione, non è un castigo, ma una ricompensa, data solo a chi l'ha guadagnata, a chi l'ha meritata. Ora hai il diritto di godertela, anzi commetti un peccato se non lo fai.

Farai un affronto all'esistenza se non la renderai più bella, se la lascerai come l'hai trovata. No: prima di andartene, lasciala un po' più felice, un po' più bella, un po' più ricca di una nuova fragranza.

Guarda in faccia la realtà

Un piccolo orso polare chiese a sua madre: «Anche il mio papà era un orso polare?».

«Certo che il tuo papà era un orso polare!» rispose la mamma.

«Ma...» continuò l'orsacchiotto dopo un po' «mamma, un'altra cosa... anche mio nonno era un orso polare?».

«Sì, anche lui era un orso polare.»

Passò un po' di tempo e il piccolo orso riprese a interrogare la madre: «E il mio bisnonno allora? Era un orso polare anche lui?».

«Sì, anche lui, ma perché continui a farmi questa domanda?»

«Perché io sto morendo di freddo!»

Mi hanno detto che mio padre era un orso polare, mi hanno detto che mio nonno e il mio bisnonno erano orsi polari... eppure io sto morendo di freddo!

Puoi spiegarmi come posso cambiare questo stato di cose?

Si dà il caso che io conosca tuo padre, e si dà il caso che io conosca tuo nonno, e si dà il caso che io conosca anche il tuo bisnonno... e anche loro morivano di freddo! E le loro madri raccontavano la stessa storia anche a loro: tuo padre era un orso polare, tuo nonno era un orso polare, il tuo bisnonno era un orso polare...

Se muori di freddo, muori di freddo! Queste storie non saranno di alcun aiuto. Dimostrano semplicemente che anche gli orsi polari muoiono di freddo...

Guarda in faccia la realtà, e non perderti nelle tradizioni, e non orientarti verso il passato. Se muori di freddo, muori di freddo. E il fatto che tu sia un orso polare non è affatto una consolazione. Queste sono le consolazioni che sono state date all'umanità. Quando stai morendo, stai morendo... qualcuno si presenta e dice: «Non aver paura, l'anima è immortale». E intanto tu stai morendo.

Mi hanno raccontato di un ebreo che cadde per la strada colpito da un attacco cardiaco, stava morendo! Arrivò un prete cattolico che non sapeva affatto chi fosse quel moribondo, gli si avvicinò e chiese: «Sei un credente? Dichiari di credere nella Sacra Trinità: Dio Padre, lo Spirito Santo e Gesù, il Figlio?».

L'ebreo in fin di vita aprì gli occhi e mormorò: «Sto morendo e questo tipo si mette a fare indovinelli! Che cosa me ne faccio in questo momento della Trinità? Sono in fin di vita! Che assurdità mi vai raccontando?».

Un uomo sta morendo, e tu lo consoli dicendo che l'anima è immortale. Queste consolazioni non sono di alcun aiuto. Qualcuno è infelice e tu gli dici: «Non essere triste, non essere infelice, esci da questo stato di miseria... è solo un fatto psicologico». Come può essere d'aiuto? Lo fai diventare ancora più infelice: queste teorie non possono aiutare granché; sono state inventate per consolare, per ingannare.

Se stai morendo di freddo, stai morendo di freddo!

Invece di chiedere se anche tuo padre era un orso polare, fa' qualcosa. Salta, corri, oppure fa' la Meditazione Dinamica, e non avrai più freddo, te lo prometto. Lascia perdere tuo padre, tuo nonno e il tuo bisnonno... anche loro morivano dal freddo!

Ascolta semplicemente la tua realtà: se stai morendo di freddo, fai qualcosa. E si può sempre fare qualcosa... ma il modo non è questo: sei sulla strada sbagliata. Certo, puoi continuare a chiedere e a chiedere, e ovviamente la tua povera madre non può fare altro che consolarti.

La domanda è molto bella, molto significativa, di estrema importanza... È così che l'umanità continua a soffrire.

Ascolta questa sofferenza. Guarda nel problema e non cercare di trovare una soluzione al di fuori del problema stesso. Guarda direttamente all'interno del problema e lì troverai sempre la soluzione. Guarda dentro la domanda, non chiedere una risposta.

Per esempio, puoi chiederti: «Chi sono io?», continua a chiedertelo; ma non andare da nessuno per cercare una risposta: se vai da un cristiano, ti dirà: «Tu sei un figlio di Dio, e Dio ti ama moltissimo». In questo caso rimarrai perplesso... com'è possibile che Dio ti ami?

Una volta un prete disse a Mulla Nasruddin: «Dio ti ama immensamente».

Il Mulla rispose: «Come fa ad amarmi? Non mi conosce neanche!».

E il prete: «Per questo ti ama... noi che ti conosciamo, non possiamo farlo. È praticamente impossibile amarti!».

Se vai da un hindu, e chiedi a lui chi sei, ti dirà: «Tu sei Dio in persona». Non il figlio di Dio... tu sei Dio stesso! Eppure il tuo mal di testa non passa, e ti chiedi perplesso come sia possibile che Dio abbia l'emicrania... l'interrogativo, dunque, non si è risolto.

No, se vuoi interrogarti su "Chi sono io" non andare da nessuno. Siedi in silenzio e rivolgi la domanda in profondità a te stesso. Lascia che risuoni dentro di te. Non a parole, ma in forma esistenziale. Lascia che la domanda sia presente come una freccia che ti trafigge il cuore: "Chi sono io?". E continua...

Non avere fretta di rispondere, perché la risposta sarà per forza di qualcun altro: di un prete, di un politico, di una tradizione. Non rispondere con i tuoi ricordi, perché il passato lo hai preso in prestito da qualcun altro: la tua memoria è un computer, è qualcosa di morto; la tua memoria non ha nulla a che vedere con la conoscenza: è qualcosa con cui ti hanno ingozzato. Per cui, quando ti chiedi: "Chi sono io?" e la tua memoria risponde: "Sei un'anima nobile.. fa' attenzione, non cadere in questa trappola; metti da parte tutta questa immondizia che affiora dai tuoi ricordi, è solo pattume. Continua a chiederti: "Chi sono? Chi sono? Chi sono io?". E un giorno vedrai che anche la domanda è scomparsa. È rimasta solo una sete: "Chi sono io" in realtà non è più una domanda, ma una sete; il tuo intero essere vibra, assetato: "Chi sono io?".

E verrà il giorno in cui non ci sarai più neppure tu: resterà solo quella sete. E in questo stato del tuo essere, intenso, appassionato, all'improvviso realizzerai che qualcosa è esploso. All'improvviso sei giunto faccia a faccia con te stesso e sai chi sei.

Non serve a niente chiedere a tuo padre: "Chi sono io?". È inutile chiedere a tuo nonno e al tuo bisnonno, anche loro non lo sanno. Non chiedere! Non chiedere a tua madre, non domandare alla società, alla cultura, alla civiltà... rivolgiti al tuo profondo centro interiore. Se davvero vuoi arrivare a conoscerti, se vuoi giungere a conoscere la risposta reale, vai dentro di te: in questa esperienza interiore avviene il cambiamento.

E mi chiedi: «*Come posso cambiare questo stato di cose?*».
Non puoi cambiare lo stato di cose in cui ti trovi. Prima devi incontrarti con la tua realtà: proprio questo incontro ti cambierà.

Un giornalista stava cercando di tirar fuori una storia di interesse umano da un vecchio, un pensionato statale.

«Nonno» gli chiese il giornalista «come ti sentiresti se all'improvviso ricevessi una lettera che ti annuncia che un lontano parente ti ha lasciato cinque milioni di dollari?»

«Figliolo» rispose il vecchio senza scomporsi «continuerei ad avere novantaquattro anni!»

L'hai capita? Il vecchio vuole dire: "Ho novantaquattro anni. Anche se avessi cinque milioni di dollari, che cosa ci potrei fare? Avrei sempre novantaquattro anni!".

Le parole del Buddha, di Mahavira, del Cristo per te non sono di alcun aiuto!

Tu stai morendo di freddo... hai sempre novantaquattro anni! Anche se ti inculcassero nella testa tutto il sapere del mondo non ti sarebbe di alcun aiuto: continueresti a morire di freddo! Finché non sorge in te un'esperienza vitale che trasformi il tuo essere e ti riporti alla giovinezza e alla vitalità... null'altro potrà servirti.

Quindi, non chiedere agli altri. Questa è la prima lezione da imparare. Chiedi a te stesso. E anche in questo caso, ricorda: visto che gli altri hanno inculcato dentro di te delle risposte a priori, e tutte queste risposte affioreranno... affiorano ogni volta che ti poni un interrogativo, ebbene evita le risposte. La domanda è tua, quindi la risposta di qualcun altro non potrà esserti di alcun aiuto.

Il Buddha ha bevuto alla fonte, ed è appagato. Gesù ha bevuto, ed è in estasi. Io ho bevuto alla stessa fonte, ma questo non può essere d'aiuto alla *tua* sete, come potrebbe? Dovrai essere tu, in prima persona, a bere!

Una volta è accaduto: un imperatore chiese a un grande mistico Sufi di andare alla sua corte a pregare per lui.

Il mistico arrivò, ma si rifiutò di pregare, dicendo: «È impossibile. Come posso pregare per te?». E aggiunse: «Vi sono alcune cose che uno deve fare da solo. Per esempio, se vuoi fare l'amore con una donna, devi farlo tu. Io non posso farlo per te, non posso amarla al tuo posto. Oppure, se devi soffiarti il naso, te lo devi soffiare da solo. Non posso soffiarmi il naso al tuo posto, non servirebbe a niente. La stessa cosa vale per la preghiera: come posso pregare per te? Sei tu che devi pregare, io posso solo pregare per me stesso». Poi chiuse gli occhi e scese in profonda preghiera.

Certo, è tutto quello che un altro può fare, che io posso fare. Per me il problema non esiste più. Ma non è scomparso grazie alla risposta che qualcun altro mi ha dato. Io non ho chiesto a nessuno. In effetti il mio intero sforzo è stato abbandonare tutte le risposte che gli altri mi avevano dato... con grande generosità!

La gente non fa altro che dare consigli. Tutti sono molto generosi nei loro suggerimenti. Forse non sono generosi in nessun'altra occasione, ma nel dare consigli sono generosissimi, nobili individui. Che tu li richieda o meno, non fanno che darti suggerimenti. I consigli sono la cosa che tutti danno in abbondanza, ma che nessuno accetta mai. Nessuno li vuole!

Mi hanno raccontato di due vagabondi. Se ne stavano seduti sotto un albero a chiacchierare.

Il primo disse: «Mi sono ridotto in questo stato perché non ho mai voluto ascoltare i consigli di nessuno».

E l'altro replicò: «Fratello, io mi sono ridotto così per aver seguito i consigli di tutti!».

La domanda è tua, anche la risposta dev'essere tua. Il viaggio deve essere solo tuo.

Stai morendo di freddo, lo so. Sei infelice, lo so. La vita è dura, lo so. E io non ho alcuna consolazione da darti. E non credo sia bene consolarti, perché ogni conforto diventa un modo per rinviare. La madre dice al suo orsacchiotto: «Sì, tuo padre era un orso polare» e per un po' lui fa del suo meglio per non morire di freddo, perché gli orsi polari non dovrebbero morire di freddo. Ma non serve a niente.

Di nuovo torna a chiedere: «Mamma, anche mio nonno era un orso polare?», si sforza di capire: «C'è qualcosa che non funziona tra i miei antenati, ed è per questo che io sto morendo di freddo?». E la madre può solo rispondere: «Certo, anche tuo nonno era un orso polare». E di nuovo il piccolo orsacchiotto cerca di rinviare la morte per assideramento, ma è un problema che non si può rinviare a lungo. Puoi rimandarlo per un po', poi si ripresenterà.

Non si può evitare la realtà. Le teorizzazioni non sono assolutamente di alcun aiuto. Dimentica le teorie e attieniti ai fatti. Sei infelice? Allora devi guardare nella tua infelicità. Sei arrabbiato? Devi guardare nella tua rabbia. Ti senti preda del sesso, della gelosia? Dimentica che cosa ne pensano gli altri, guarda in ciò che ti accade, in prima persona.

La vita è tua, e sei tu che devi viverla. Non prendere nulla in prestito. Non essere mai un individuo di seconda mano, Dio ama le persone originali. Non si è mai saputo che amasse le imitazioni. Sii autentico, sii originale, sii unico, sii un individuo, sii te stesso e penetra a fondo i tuoi problemi.

Posso solo dirti una cosa: la soluzione è nascosta nel problema stesso. Il problema è solo un seme. Se lo penetri a fondo, la soluzione fiorirà spontaneamente.

La tua ignoranza è il seme. Se la penetri in profondità, da questo seme sboccerà la conoscenza. Il problema è che stai tremando di freddo: scendi in profondità in ciò che senti, e da lì nascerà il calore!

In effetti ti è stato dato tutto: sia la domanda sia la risposta, sia il problema sia la soluzione, sia l'ignoranza sia la conoscenza. Devi semplicemente guardare dentro di te.

La natura dell'oscurità

Come posso fare per non andare in collera? Come posso fare per non essere preda di tutte le emozioni negative che sconquassano il mio mondo interiore, continuamente, travolgendomi a sorpresa?

Come prima cosa è bene meditare sulla natura dell'oscurità. È una delle cose più misteriose della vita, e ha un ruolo fondamentale: non puoi permetterti di non pensarci. Si devono fare i conti con l'oscurità, poiché il sonno, la morte e ogni forma di ignoranza possiedono quella stessa natura.

La prima cosa che si scopre, meditando sull'oscurità, è che non esiste. È presente, senza avere esistenza alcuna, per questo è più misteriosa della luce: non ha assolutamente alcuna forma di esistenza. Si tratta piuttosto di assenza di luce: puoi cercarla ovunque, ma non la troverai; è solo un'assenza, non ha un'esistenza in sé.

Se è presente la luce, l'oscurità non c'è; se non esiste la luce, ecco l'oscurità: è assenza di luce. Ed è per questo che la luce va e viene, mentre l'oscurità, sebbene non esista, permane. È possibile accendere e spegnere la luce, viceversa non è possibile creare, né distruggere l'oscurità: pur non esistendo, l'oscurità è sempre presente.

La seconda cosa di cui ci si rende conto, meditando sull'oscurità, è questa: essendo inesistente non si può combattere. Se la combatti, sei sconfitto in partenza; infatti, come potresti sconfiggere qualcosa che non c'è? E poiché verrai sconfitto, penserai: "L'oscurità è potente, invincibile, visto che mi ha sconfitto". È una cosa assurda: non ha alcun potere! Come potrebbe avere potere una cosa che non esiste? Sei stato sconfitto, non perché l'oscurità sia potente, ma perché tu sei uno sciocco: è sciocco cercare di combattere qualcosa che non c'è. Nella tua vita hai lottato contro cose inesistenti, cose che assomigliano all'oscurità.

La morale è una battaglia contro l'oscurità; ecco perché ogni morale è qualcosa di sciocco: è una lotta contro l'oscurità, contro qualcosa che non esiste in sé.

L'odio non esiste, è solo assenza di amore.

La rabbia non esiste, è solo assenza di compassione.

L'ignoranza non esiste, è solo assenza di illuminazione.

La bramosia sessuale non è esistenziale, è solo assenza di *brahmacharya*, la vera castità.

Un moralista, in ultima analisi, non può che essere sconfitto, poiché il suo è uno sforzo folle, assurdo, privo di senso. Ed è qui la differenza tra religiosità e morale: la morale si sforza di combattere l'oscurità, la ricerca religiosa porta ad accendere la luce nascosta dentro di te.

La ricerca religiosa non si preoccupa dell'oscurità, si limita a cercare la luce interiore: accesa quella luce, l'oscurità scompare; accesa la luce, non è più necessario agire direttamente sull'oscurità. Semplicemente non esiste più

Dunque, questa è la seconda cosa: non è possibile agire direttamente sull'oscurità. Per modificarla, occorre agire sulla luce. Se spegni la luce, ecco l'oscurità; se l'accendi, l'oscurità non esiste più: in sé non si può né accendere né spegnere, non la si può portare in casa, né farla uscire. Se si vuole fare qualcosa, occorre seguire una via indiretta: si deve agire sulla luce.

Non lottare contro cose che non esistono. La mente cade subito nella tentazione di lottare. È una tentazione pericolosa: ti porta a dissipare la tua energia, la tua vita, te stesso. Chiediti piuttosto se ciò che vuoi combattere esiste davvero o se è solo un'assenza. Se è un'assenza, non combatterla: cerca invece ciò di cui è assenza, e sarai sulla strada giusta.

La terza cosa che scopri, meditando, è che l'oscurità è profondamente legata alla tua vita in mille modi.

Quando vai in collera, la tua luce interiore si spegne. La rabbia è una manifestazione di questa realtà: la luce interiore si è spenta e l'oscurità è penetrata in te. Si può andare in collera solo quando si è inconsapevoli, non si può andare in collera consapevolmente.

Provaci: o perderai la consapevolezza, e resterà la rabbia, oppure resterà la consapevolezza e la rabbia non riuscirà a esplodere. Che cosa vuol dire? Significa che la natura della consapevolezza è simile a quella della luce, e la natura della rabbia è simile a quella dell'oscurità: le due cose non possono coesistere. Se esiste la luce, non può esserci oscurità; allo stesso modo: se sei consapevole, non puoi andare in collera.

Le persone vengono continuamente a chiedermi: «Come posso fare per non andare in collera?».

La domanda è sbagliata, e quando si pone la domanda sbagliata è difficile avere la risposta giusta.

Comincia con il porre la domanda giusta. Non chiedere come si fa a scacciare le preoccupazioni, l'ansia, l'angoscia, la rabbia e via dicendo. Esamina invece la tua mente, e cerca di capire perché quelle cose sono presenti dentro di te.

Esistono perché non sei abbastanza consapevole. Chiedi dunque come fare a essere più consapevole: chiedendo come fare a non arrabbiarti, cadi nel gioco del moralista. Se invece chiedi come si fa a diventare più consapevoli, così che ira, bramosia, avidità scompaiano, sei sulla strada giusta e la tua è una ricerca religiosa.

La morale è una moneta falsa, è una falsa religione. La religiosità non ha nulla a che vedere con la morale, perché non si occupa dell'oscurità. La religiosità è uno sforzo positivo, il cui scopo è risvegliare. Non si preoccupa di correggere il carattere delle persone: il carattere non si può cambiare, agire sul carattere è inutile. Lo puoi solo decorare, abbellirne la facciata, ravvivarlo con colori psichedelici, ma non lo potrai mai cambiare.

La sola trasformazione possibile, l'unica rivoluzione possibile, nasce preoccupandosi dell'essere, non del carattere, dei gesti e delle azioni. L'essere è positivo. quando è presente, consapevole, sveglio, l'oscurità scompare L'essere ha la stessa natura della luce

Eppure noi continuiamo a pensare in termini di conflitto: l'oscurità opposta alla luce. È assurdo: l'oscurità non è contro la luce. Come potrebbe un'assenza opporsi a qualcosa di cui è l'assenza? Non esiste alcun conflitto nel rapporto tra oscurità e luce. L'oscurità è una semplice assenza, è pura impotenza, come potrebbe aggredire?

A volte dici: «Ho avuto un impeto di rabbia» oppure: «Sono stato preso da un attacco di avidità». È impossibile: la rabbia, l'avidità non possono aggredirti; l'oscurità è la loro natura, e il tuo essere è luce. Accade che vai in collera, ma questo dimostra soltanto che ti sei dimenticato della tua luce interiore. È il tuo oblio. non l'oscurità, a nascondere la luce.

La vera oscurità è l'oblio della luce interiore. Quell'oblio diventa collera, avidità, sesso, odio, gelosia: non sono queste cose ad aggredirti! Ricorda: sei tu che le inviti; esse si limitano ad accettare il tuo invito. Non sono aggressori, sono semplici ospiti, regolarmente invitati. Forse ti sei dimenticato di aver mandato quell'invito; se ti dimentichi perfino di te stesso, puoi dimenticarti qualsiasi cosa! Dimenticarsi di sé è la vera oscurità.

Ed è in quello stato che accade di tutto: sei come un ubriaco, ti dimentichi chi sei, dove vai e perché; sei completamente privo di un qualsiasi senso dell'orientamento. Ecco perché gli insegnamenti religiosi fondamentali insistono sull'importanza di ricordarsi di sé.

Dimenticarsi di sé è la malattia, pertanto il ricordo di sé è la cura!

Cerca dunque di ricordarti di te stesso. Ma tu esploderai: «Che cosa dici? Io mi conosco, e mi ricordo di me perfettamente!».

Provaci.

Tieni in mano un orologio, osserva la lancetta dei secondi e prova a ricordare solo una cosa: «Sto guardando la lancetta dei secondi di questo orologio». Neppure per tre secondi consecutivi riuscirai a ricordartelo: in tre soli secondi te ne dimenticherai diverse volte. Ed è una cosa elementare! «Guardo la lancetta dei secondi e mi ricordo che la sto guardando...».

Ti verranno in mente mille cose. Hai un appuntamento e, guardando quella lancetta, nella tua mente si formerà questa associazione: "Alle cinque devo trovarmi con quel mio amico". Inizierai tuo malgrado a pensare all'appuntamento, dimenticandoti che stai guardando quella lancetta. Oppure, poiché l'orologio è svizzero, ti viene in mente la Svizzera, oppure ti ritroverai a pensare: "Che sciocco sono, me ne sto qui a perdere tempo!". Neppure per tre secondi riesci a ricordarti che stai osservando la lancetta dei secondi.

Se riesci a raggiungere un minuto di consapevolezza di te, ti prometto di fare di te un Buddha. È sufficiente un minuto, sessanta secondi. Ti stupirai: «È così facile? Così a buon mercato?». No, non lo è. Non sai quanto sia profondo l'oblio di te stesso. Non sei neppure in grado di ricordarti di te stesso per un minuto consecutivo, non puoi impedire che un qualsiasi pensiero disturbi la tua consapevolezza.

Questa è la vera oscurità.

Se ti ricordi di te stesso, diventi luce. Se ti dimentichi di te stesso, diventi oscurità.

E nell'oscurità piombano in te ladri di ogni specie, incontri ogni sorta di delinquenti, accadono ogni tipo di incidenti.

Ricordarsi di sé è la chiave. Cerca di ricordarti di te stesso, perché in quel ricordo di te stesso ti centri, la tua mente vagabonda ricade nel proprio centro. In caso contrario, vai sempre da qualche parte: la mente genera incessantemente nuovi desideri, e tu la rincorri in mille direzioni, simultaneamente. Ecco perché sei frantumato, non sei integro e la tua fiamma interiore oscilla, simile a una foglia trascinata dal vento.

Quando la tua fiamma interiore diventa stabile, in te avviene una mutazione. Ti trasformi, nasce un nuovo essere, la cui natura è la stessa della luce.

Ora come ora, tu sei della natura dell'oscurità: sei un'assenza di qualcosa che ancora è solo una possibilità, è una potenzialità. Tu ancora non esisti, non sei ancora nato. La tua nascita è ancora qualcosa di potenziale: avverrà quando trasformerai la tua natura interiore, passando dall'oblio al ricordo di te.

Io non ti do alcuna disciplina, non ti dico: «Fa' questo, non fare quello» la mia disciplina è semplicissima. Consiste solo in questo: fa' ciò che vuoi, ma fallo con consapevolezza, ricordandoti che lo stai facendo.

Camminando, ricordati che stai camminando. Non occorre che lo verbalizzi interiormente, perché anche quella verbalizzazione diventa una distrazione. Se cammini, e dentro di te ripeti: "Sto camminando, sto camminando", quella stessa ripetizione diventa una distrazione, e perdi la consapevolezza che stai camminando. Semplicemente ricordati che stai camminando, senza verbalizzarlo, non è necessario...

Io lo verbalizzo perché te ne sto parlando. Tu invece, mentre cammini, ricordati che stai camminando, ricorda semplicemente il camminare: fa' ogni passo con totale consapevolezza.

Mangiando, mangia. Sii presente e consapevole. Non ti dico che cosa mangiare e che cosa non mangiare: mangia ciò che ti pare, ma sii pienamente consapevole di te che stai mangiando. Ben presto ti accorgerai che molte cose ti sono diventate impossibili. Non puoi mangiare carne, se sei consapevole: è un gesto troppo aggressivo, violento. È impossibile fare del male a qualcuno quando ti ricordi di te, poiché scorgi la stessa luce, la stessa fiamma che arde in te, in ogni altro essere. Più conosci la tua natura profonda, più riesci a penetrare in quella dell'altro: come puoi dunque uccidere per mangiare? Ti diventa impossibile.

E non farne una disciplina: se diventa una disciplina sarà falsa. Se ti imponi la disciplina di non rubare, continuerai a essere un ladro e troverai modi sottili per rubare. Se pratichi la non violenza come disciplina, dietro la tua non violenza continuerà a nascondersi la violenza.

La religiosità non è un insieme di pratiche. La moralità lo è, per questo genera ipocrisia. La religione porta all'autenticità, non può essere praticata come una disciplina. Come si può praticare l'essere?

Limitati dunque a diventare più consapevole, e le cose cominceranno a cambiare. Diventa più luminoso, e l'oscurità scomparirà da sé

All'origine dell'ansia

Non e vero che sia il desiderio, come normalmente si crede, a creare l'ansia. È l'ansia che crea il desiderio.

L'uomo è ansia.

Proprio l'altro giorno vi dicevo che gli animali non conoscono l'ansia, perché non devono divenire... sono già. Un cane è un cane, e una tigre è una tigre: questo è tutto! La tigre non cerca di diventare una tigre. Lo è, lo è già! Non vi è coinvolto alcun divenire.

Nel mondo degli animali non esiste l'ansia. Né la si incontra nel mondo dei Buddha: essi sono arrivati, sono realizzati. Sono *siddha*: sono esseri. Non esiste più alcun obiettivo da raggiungere, non c'è più alcun movimento. Il viaggio è terminato. Sono arrivati a casa.

Tra l'animale e il Buddha, si trova l'uomo: metà animale e metà Buddha. Qui esiste l'ansia. L'ansia è questa tensione. Una parte di te vuole ritornare animale... cerca di trattenerti a sé, ti blandisce, ripetendoti: «Torna! Era così stupendo... dove stai andando?». L'altra parte è proiettata nel futuro. In qualche modo indiretto, sai perfettamente che essere un Buddha è il tuo destino: il seme è lì! E il seme continua a dirti: «Trova il terreno, il terreno adatto, e diverrai un Buddha. Non tornare indietro! Va' avanti...».

Questo tiro alla fune costituisce l'ansia. "Ansia" è uno dei termini più importanti da comprendere perché non solo è una parola, ma è in grado di caratterizzare l'uomo. Essere o non essere? Essere questo o essere quello? Dove andare? L'uomo è fermo a un bivio: di fronte a sé vede aprirsi tutte le possibilità. Ma se ne sceglie una, dovrà scartare le altre... da qui la paura. Potrebbe sbagliare a scegliere. Se sceglie di andare a destra – chi lo sa? – il sentiero giusto potrebbe essere quello che conduce a sinistra...

Questa è l'ansia: dove andare? Che cosa fare? Ma qualsiasi cosa fai, l'ansia rimarrà. Se diventi un animale, la parte buddhica continuerà a ribellarsi contro l'animale. Se fai qualcosa che la tua parte animale ritiene giusto fare, la tua parte buddhica creerà in te un senso di colpa...

Se segui una parte, l'altra ti fa sentire in colpa. E viceversa. Questo è l'ansia. E quest'ansia è prettamente esistenziale. Non è che qualcuno ne soffra e qualcuno non ne soffra... niente affatto. È esistenziale: tutti sono nati in essa. L'umanità è nata in essa. L'ansia, per gli esseri umani, è innata. È il loro campo di battaglia. È il problema da risolvere... è il problema che devono riuscire a trascendere.

Ci sono due modi di trascenderlo. Uno è quello del mondo: lo puoi chiamare desiderio. Il desiderio è il modo per nascondere quest'ansia. Ti butti a capofitto in una frenetica corsa al denaro. Sei tutto assorbito nel guadagnare sempre più denaro, così che dimentichi totalmente l'ansia esistenziale. I veri problemi non hanno più importanza; non hai più tempo per pensare a loro. Li metti da parte e ti getti nella ricerca di come fare sempre più soldi. E man mano che ne guadagni, sorgono sempre più desideri. Questa smania di denaro o di potere politico non è che una scappatoia alla tua ansia...

Il desiderio è un modo per evitare l'ansia, ma solo per evitarla; non la puoi distruggere per mezzo suo. Il desiderio ti dà piccole ansie; ricorda: piccolissime ansie che non sono esistenziali. È naturale che quando sei impegnato a guadagnare denaro, sarai preda di svariate ansietà: il mercato e le quotazioni in borsa, e cose di questo genere, e i prezzi... Hai investito così tanto denaro... ci guadagnerai o ci perderai? Queste sono piccole ansie. Non sono nulla in confronto alla vera ansia: sono solo espedienti per evitare la realtà fondamentale.

Il desiderio è un camuffamento dell'ansia. È un espediente, una strategia per nasconderla. E la meditazione serve, invece, a rivelarla...

La vera meditazione non è una tecnica. La vera meditazione non è che un rilassamento, uno stare seduti in silenzio, lasciando che accada... di qualsiasi cosa si tratti. È permettere che tutta l'ansia emerga alla superficie. E osservarla. E non fare niente per trasformarla. La testimonianza è la vera meditazione.

Testimoniando, la tua buddhità diverrà sempre più ricca. La testimonianza è il nutrimento della tua buddhità. E più la tua buddhità è ricca, meno ansia esiste. Il giorno in cui la tua buddhità sarà totale, tutta l'ansia sarà sparita.

L'arte dell'equilibrio

La vita è formata da estremi. La vita è una tensione tra opposti. Essere esattamente nel mezzo per sempre significa essere morti. La via di mezzo è solo una possibilità teorica; solo di rado si è nel mezzo, in quanto fase di transizione.

Immagina di camminare su una corda: non potresti mai stare esattamente nel mezzo a lungo. Se ci provassi, cadresti. Essere nel mezzo non è una condizione statica, è un fenomeno dinamico. L'equilibrio non è un nome, è un verbo: è un *equilibrarsi*.

Il funambolo si sposta in continuazione da sinistra a destra, da destra a sinistra. Quando ha la sensazione di essersi mosso troppo verso sinistra e ha paura di cadere, immediatamente si bilancia, spostandosi verso l'estremo opposto, verso destra. Certo, passando da sinistra a destra c'è un momento in cui si trova nel mezzo. Poi, di nuovo, quando si è spostato troppo verso destra, e riemerge la paura di cadere, di perdere l'equilibrio, inizia a muoversi verso sinistra. E passando da destra a sinistra, di nuovo per un istante attraversa il punto mediano.

Questo è ciò che intendo quando affermo che l'equilibrio non è un nome ma un verbo – è un *equilibrarsi*, si tratta di un processo dinamico. Non si può essere nel mezzo. Puoi continuare a muoverti da sinistra a destra e da destra a sinistra: questo è il solo modo per restare nel mezzo.

Non evitare gli estremi, e non scegliere mai alcun estre

mo. Resta disponibile a entrambe le polarità – questa è l'arte, il segreto dell'equilibrarsi. Certo, a volte sii totalmente felice, e a volte sii totalmente triste – entrambe le cose hanno una propria bellezza.

La nostra mente ama scegliere: ecco perché sorge il problema. Rimani libero da scelte. E qualsiasi cosa accada, e ovunque ti trovi, a destra o a sinistra, nel mezzo o non nel mezzo, godi il momento nella sua totalità. Quando sei felice danza, canta, balla – sii felice! E quando giunge la tristezza, accettala, è una cosa inevitabile... già si sta affacciando, deve giungere poiché è inevitabile, non c'è modo di scacciarla... se cerchi di evitarla, dovrai distruggere la possibilità stessa di essere felice. Il giorno non può esistere senza la notte, l'estate non può esistere senza l'inverno, e la vita non può esistere senza la morte.

Lascia sedimentare in profondità nel tuo essere queste polarità: è impossibile evitarle. Il solo modo per evitare le polarità della vita è morire sempre di più: solo un morto può stare in un punto mediano statico.

La persona viva continuerà a muoversi – dalla rabbia alla compassione, dalla compassione alla rabbia. E accetterà entrambe! E non si identificherà con nessuna delle due. Rimarrà distaccata, sebbene coinvolta. Rimarrà distante, sebbene si impegni. Godrà, eppure rimarrà come un fiore di loto sull'acqua – nell'acqua, eppure l'acqua non la potrà toccare.

Lo sforzo stesso di stare nel mezzo, e di restarci per sempre e in eterno, crea ansie inutili. Di fatto, il desiderio di essere nel mezzo per sempre è un altro estremo, il peggiore degli estremi, perché è qualcosa di impossibile. Non lo si può realizzare.

Prova a pensare a una vecchia pendola: se tieni il pendolo esattamente nel mezzo, l'orologio si fermerà; l'orologio funziona solo perché il pendolo continua a muoversi da sinistra a destra, da destra a sinistra. Certo, ogni volta passerà nel mezzo, e ci saranno momenti in cui sarà nel mezzo, ma solo momenti. Questa è la bellezza! Quando passi dalla felicità alla tristezza, e dalla tristezza alla felicità, c'è un momento di assoluto silenzio esattamente nel mezzo: godi anche di quello!

La vita deve essere vissuta in tutte le sue dimensioni, solo in questo caso è ricca. Chi vive a sinistra o a destra è povero, mentre colui che vive nel mezzo è morto! La persona viva non è di sinistra né di destra, né è fissa nel mezzo: è un movimento costante, è un flusso.

E perché mai si vorrebbe essere nel mezzo, qual è il motivo di fondo? Abbiamo paura del lato oscuro della vita; non vogliamo essere tristi, non vogliamo vivere alcuna agonia. Ma ciò è possibile solo se si è anche disposti a rinunciare alla possibilità di vivere in estasi.

Qualcuno l'ha scelto: è la via del monaco. Per secoli quella è stata la via del monaco: egli è pronto a sacrificare tutte le possibilità di estasi, solo per evitare l'agonia. È pronto a distruggere tutte le rose, solo per evitare le spine. Ma poi la sua vita sarà semplicemente piatta... una lunga noia, qualcosa di stantio, di stagnante. Di fatto non vive. Ha paura di vivere.

La vita contiene entrambe le cose: porta con sé grande sofferenza, e porta anche grande piacere. Dolore e piacere sono due facce della stessa medaglia. Se lasci cadere il primo, devi rinunciare anche al secondo. Questo è stato uno dei malintesi di fondo, nell'arco dei secoli: si è creduto di poter rinunciare al dolore e salvare il piacere, di poter evitare l'inferno e conservare il paradiso, di poter evitare il negativo e mantenere solo il positivo. Questo è un errore fondamentale. Non è possibile, la natura stessa delle cose lo vieta. Il positivo e il negativo si accompagnano, sono inevitabilmente uniti, sono indivisibili. Sono due aspetti della stessa energia.

Io vi fornisco un'intuizione radicalmente nuova: siate ogni cosa! E quando vi trovate a sinistra, non lasciatevi sfuggire nulla: godetene! Essere a sinistra ha una propria bellezza che non troverete quando sarete a destra. Allora avrete uno scenario del tutto diverso. Ed è vero, stare nel mezzo ha una qualità del tutto distinta di silenzio e di pace, che non troverete a nessuno degli estremi. Quindi, godete di ogni cosa! Andate e arricchite la vostra vita.

Non riesci a vedere alcuna bellezza nella tristezza? Meditaci sopra. La prossima volta che sarai triste, non lottare, non sprecare tempo lottando. Accetta la tristezza, dalle il benvenuto, lascia che sia un ospite benaccetto. E osservala in profondità, con amore, con attenzione. Sii un vero anfitrione! E rimarrai sorpreso – rimarrai sorpreso al di là di qualsiasi aspettativa – perché vedrai che la tristezza possiede alcune bellezze che la felicità non potrà mai avere. La tristezza ha profondità, mentre la felicità è sempre superficiale. La tristezza ha lacrime, e le lacrime scendono a profondità maggiori di qualsiasi risata. La tristezza ha un silenzio proprio, una melodia che la felicità non potrà mai avere.

Non sto dicendo di scegliere la tristezza: sto semplicemente dicendo di godere anche di essa. E quando sei felice, godi della felicità. Nuota anche in superficie, e a volte immergiti nella profondità del fiume. È lo stesso fiume! In superficie il gioco dei gorghi e delle onde, dei raggi del Sole e del vento, gli danno una bellezza unica. Ma l'inabissarsi nella profondità delle acque ha una propria bellezza. è un'avventura unica, un pericolo senza confronti.

E non attaccarti a nulla. Ci sono persone che si sono attaccate anche alla tristezza; la psicologia ne è a conoscenza. Le definisce masochisti: continuano a creare situazioni in cui possano restare per sempre infelici. L'infelicità è la sola cosa di cui riescono a godere, temono la felicità. Nell'infelicità si sentono a casa.

E non cercare di equilibrarti: l'equilibrio non è qualcosa che puoi coltivare. L'equilibrio è qualcosa che nasce come frutto dell'esperienza di tutte le dimensioni della vita. L'equilibrio è qualcosa che accade; non è qualcosa che può essere introdotto a forza. Se te lo imponi sarà falso, qualcosa di forzato, tu rimarrai teso, non sarai mai rilassato: come può, infatti, essere rilassato un uomo che cerca di restare nel mezzo, equilibrato? Avrà sempre paura: se si rilassasse, potrebbe iniziare a muoversi verso sinistra o verso destra – è inevitabile che sia teso nei suoi movimenti. Ed esserlo vuol dire lasciarsi sfuggire l'intera opportunità, questo incredibile dono divino che è la vita.

Io non ti insegno a vivere nel mezzo: ti insegno a essere totale. Allora un equilibrio nascerà, spontaneamente. E quell'equilibrio avrà una bellezza e una grazia incredibili, non sarà qualcosa di imposto, sarà naturale. Muovendoti con grazia a sinistra, a destra e nel mezzo, piano piano in te sorgerà un equilibrio, perché rimarrai assolutamente libero da qualsiasi identificazione. Quando la tristezza giunge, sai che passerà, e quando verrà la felicità, saprai che anch'essa passerà. Nulla rimane, tutto scorre via.

La sola cosa che dimora per sempre è il tuo essere un testimone. Quell'essere un testimone porta equilibrio Quell'essere un testimone è equilibrio.

Mangia il dolce e l'amaro

C'erano una volta due uomini che mangiavano esattamente lo stesso cibo, ma uno aveva due piatti, mentre l'altro ne aveva uno solo. L'uomo con due piatti separava il cibo amaro da quello dolce: in un piatto metteva solo i cibi amari, nell'altro solo quelli dolci. L'uomo con un piatto solo mescolava insieme l'amaro e il dolce.

Con il passare del tempo, il primo uomo non faceva che dimagrire, sembrava stesse scomparendo, mentre il secondo – che mangiava esattamente lo stesso cibo – godeva una salute sempre migliore, ogni giorno che passava. Alla fine il primo, vedendo che la morte si avvicinava, chiese disperato all'altro il segreto della sua vitalità e del suo vigore

«Tu hai due piatti» rispose costui «e separi l'amaro dal dolce, dando così molta importanza al sapore, e non permettendo al cibo che prendi di sostenerti con la sua linfa interiore. Io ho sempre avuto un solo piatto, per cui ho sempre mescolato il dolce e l'amaro, non sono stato preso in trappola dal gusto: qualunque cosa mi sia stata data da mangiare l'ho accettata come semplice cibo che mi offriva il suo nutrimento, ringraziandone Iddio.»

A queste parole l'uomo si sollevò dal suo letto di morte, afferrò con grande sforzo uno dei suoi due piatti e lo fece a pezzi. E con il piatto rimasto mangiò con gratitudine il cibo che il suo amico gli offrì, e ben presto tornò in salute.

Se dividi, sarai diviso dentro di te. Se separi l'esistenza in bene e male, Dio e demonio, coscienza e incoscienza, paradiso e inferno, questa divisione finirà per crearne una anche dentro di te. Sarai dissociato, diventerai schizofrenico. Perderai la tua integrità, comincerai a crollare non sarai più un individuo integro.

La tua percezione, il modo in cui vedi le cose, sono divisi, come puoi essere integro? La tua visione è il tuo essere. Se smetti di dividere e ti metti alla ricerca dell'unità, anche tu diventerai unità, perché tu diventi tutto ciò che vedi. Non appena cominci a mangiare in un solo piatto sia il dolce sia l'amaro, troverai nutrimento, perché le contraddizioni non si contraddicono affatto. Sono complementari

Mangia il dolce e l'amaro, il buono e il cattivo, la coscienza e l'incoscienza. Gioisci di entrambi e troverai nutrimento e diventerai molto, molte forte. E la tua forza non sarà l'opposto della morbidezza, niente affatto. Più sarai forte e più sarai fragile. Questa è la bellezza: quando un uomo forte è fragile come un fiore. Solido come una spada e fragile come un fiore – allora sei totale. E non sei più diviso, sei indivisibile... a quel punto sei realmente un individuo. "Individuo" significa "ciò che non può essere diviso". Allora sei arrivato a casa, sei diventato uno: ora puoi rilassarti e riposare.

Ricerca, con tutte le tue forze!

Si tramanda un episodio nella vita di un mistico Sufi, lo sceicco Farid, che vi vorrei raccontare. Un giorno stava andando al fiume per fare il suo bagno mattutino. Un ricercatore del Vero lo seguì e gli chiese: «Per favore, aspetta un minuto. Sembri così ricolmo del divino, mentre io non ne sento neppure il desiderio. Sembri assolutamente estatico, solo guardandoti sento che dev'esserci qualcosa in questo tuo stato. Sei così felice e io sono così infelice, eppure persino il desiderio di ricercare il divino in me non è presente. Che cosa devo fare? Come creare il desiderio?».

Farid guardò quell'uomo e disse: «Vieni con me. Sto andando a fare il mio bagno mattutino. Fallo anche tu insie me a me. Forse, proprio mentre starai facendo il bagno, ti potrà essere data la risposta. Altrimenti, vedremo dopo il bagno. Vieni con me».

L'uomo si stupì un poco, questo sceicco Farid sembrava un po' folle: come avrebbe potuto ottenere una risposta facendo il bagno? Ma nessuno può conoscere le vie di un mistico, per cui lo seguì.

Entrambi andarono al fiume e, quando l'uomo si immerse nell'acqua, Farid gli saltò addosso e lo tenne premuto sott'acqua. L'uomo iniziò ad agitarsi, che risposta era mai questa? All'inizio pensò che Farid scherzasse, ma ben presto sentì di essere veramente in pericolo. Non sembrava intenzionato a mollarlo! Lottò con tutte le sue forze..

Farid era un uomo molto robusto e molto forte, mentre il ricercatore era gracile, come lo sono tutti i ricercatori Ma quando la tua vita è in gioco... quel ricercatore dall'aspetto macilento sbalzò via Farid, gli saltò addosso e disse: «Sei un assassino? Cosa stai facendo? Io sono un pover'uomo. Sono venuto da te semplicemente per chiederti com'è possibile risvegliare nel proprio cuore il desiderio di ricercare il divino, e tu tenti di uccidermi?».

Farid disse: «Aspetta! Come prima cosa, alcune domande. Quando io ti tenevo sott'acqua, e tu stavi soffocando, quanti pensieri affollavano la tua mente?».

L'uomo rispose: «Quanti pensieri? Uno solo: come riemergere e respirare!».

Farid chiese: «E quanto a lungo è durato quel pensiero?»

L'uomo disse: «Anche quello non è durato molto, perché era in gioco la mia vita. Puoi permetterti di pensare quando non sei in pericolo. La vita era in pericolo – perfino quel pensiero è scomparso. A quel punto, uscire dal fiume non era più un pensiero, era la totalità del mio essere».

Farid disse: «Ebbene... hai compreso. Questa è la risposta. Se ti senti soffocato in questo mondo, pressato da ogni lato, e se senti che in questo mondo non accadrà nulla a eccezione della morte, allora sorgerà il desiderio di ricercare la verità, o Dio, o qualsiasi nome vorrai darle. E anche quello non durerà a lungo; con il tempo, quel desiderio non sarà più un desiderio, diventerà il tuo essere. Quella stessa sete diventerà il tuo essere».

«Ti ho mostrato il sentiero» disse Farid «ora puoi andare.»

Cerca semplicemente di comprendere l'intero contesto di questo mondo. Se ti sta già distruggendo, saltane fuori. L'interrogativo reale non è come cercare Dio; la vera realizzazione è comprendere che, là dove tu pensi sia la vita, non esiste affatto vita, ma solo morte.

Ma per conseguire una vita di pienezza si deve morire, si deve portare la propria croce. Nessun altro ti può iniziare, solo la morte. La morte è il Maestro. Oppure, il Maestro è la morte.

Se sei pronto a morire, nessuno ti può impedire di rinascere. Ma questa morte non deve essere un suicidio. Molta gente si suicida: costoro non risorgono. Una morte per suicidio non è una morte frutto di comprensione; è frutto solo di un malinteso. Muori confuso, in agonia. Muori ossessionato dal mondo, muori aggrappato al mondo. La tua morte è una protesta.

Osserva le persone che pensano al suicidio. Esse non sono contro la vita; al contrario, sono così attaccate alla vita che questa non li può appagare. Si vendicano, protestano. Compiono un assassinio, uccidono se stesse, solo per protestare contro l'intera esistenza, perché non è stata un appagamento. Stanno brontolando, stanno dicendo· "La vita non ha alcun valore". Ma perché non vale la pena di vivere? Si aspettavano troppo, ecco perché non ha alcun valore. Chiedevano troppo, e non hanno mai conseguito nulla. Sono frustrate.

Chi è pronto a morire lo è senza frustrazione... vedendo la verità della vita, vedendo la verità che la vita è solo un sogno: non può appagare alcunché né può frustrare. Appagamento, frustrazione, sono entrambi parti dell'illusione che la vita sia reale. Chi vede che la vita è irreale, del tutto simile a un sogno, diventa distaccato. Sorge una rinuncia.

Nelle *Upanishad* si trova un detto estremamente profondo: *"Ten tykten bhunjitha*... coloro che hanno goduto della vita hanno sempre rinunciato". È qualcosa di estremamente rivoluzionario, le implicazioni sono incredibili. Afferma: coloro che hanno goduto della vita inevitabilmente hanno rinunciato, perché hanno visto la verità, cioè che la vita è falsa. Vi hanno guardato dentro, senza trovarvi nulla. Non è che siano frustrati, perché, se sei frustrato, questo rivela solo che ancora ti aspettavi qualcosa. La frustrazione rivela una profonda aspettativa.

Chi è diventato consapevole del fatto che la vita può solo promettere, ma mai adempiere – si tratta di un sogno! – non è frustrato né appagato dalla vita. In quel caso insorge la rinuncia. Rinunciare non significa lasciare la vita; rinunciare significa vedere la vita per ciò che è. In quel caso, si è pronti a morire, perché nella vita non c'è nulla.

Quell'essere pronti a morire è il punto verso il quale Giovanni il Battista guidava le persone. Quando esse erano pronte, le portava al fiume Giordano e compiva il rito il tocco finale: le battezzava. Con l'acqua che scorreva sulla testa, scivolando via nel fiume, l'ego, la vecchia personalità, se ne andava. Nasceva la pura essenza: era un bagno in un nuovo senso dell'essere, sorgeva un nuovo mistero nell'essere vivi, un nuovo senso dell'esistenza.

Ovviamente, la morte può essere un'esperienza estremamente terrificante, oppure incredibilmente bella. Dipende dall'attitudine. Se nella morte ti senti terrorizzato, allora morirai, ma non risorgerai. Se la morte diventa un'esperienza meravigliosa, morirai e al tempo stesso risorgerai. Di solito la morte terrorizza; ecco perché si ha tanta paura di morire. Nella vita non accade nulla di bello, finché non si muore, ma voi ne siete terrorizzati.

Voi siete eternità, non potete morire – la paura è assolutamente futile e priva di fondamenta – ma l'ego deve morire. L'ego è un fenomeno creato. Non c'era quando siete nati, la società lo ha creato. La società vi ha dato un ego; e quell'ego vi può essere sottratto dalla società... quell'ego vi sarà completamente portato via dalla morte. Ve ne andrete così come siete venuti: a mani vuote siete venuti, a mani vuote ve ne andrete, l'ego è solo un'illusione intermedia.

Quell'ego ha paura della morte. Quando comprendi che non morirai – a eccezione dell'ego (la malattia) – sei pronto. Pronto per essere battezzato.

Vivi una vita di risposta, non di reazione!

Perché i Sufi dicono che l'uomo è una macchina?

L'uomo è una macchina: ecco perché. L'uomo così com'è è completamente inconscio. Non è altro che le sue abitudini, la somma totale delle sue abitudini. L'uomo è un automa. L'uomo non è ancora umano: se la consapevolezza non entra a far parte del tuo essere, rimarrai una macchina.

Ecco perché i Sufi dicono che l'uomo è una macchina. È dai Sufi che Gurdjieff prese questa idea, e la introdusse in Occidente È molto raro essere consapevoli. Nei tuoi settant'anni di vita, se vivessi una cosiddetta vita normale, sana e completa, all'interno e all'esterno, senza soffrire per la crescita, senza il dolore dentro di te per la crescita di una perla di straordinaria bellezza, difficilmente conosceresti anche solo sette momenti di consapevolezza in tutta la tua vita.

E se anche venissi a conoscere quei sette, o forse meno, momenti, essi saranno soltanto accidentali. Per esempio, potresti conoscere un momento di consapevolezza se qualcuno all'improvviso ti puntasse una pistola contro. In quel momento il tuo pensiero, il tuo processo di pensiero abituale, si ferma. Per un attimo diventi consapevole perché il pericolo non ti permette di restare nel sonno ordinario.

In una situazione pericolosa diventi consapevole. Altrimenti rimani profondamente addormentato. Sei perfettamente in grado di fare ciò che devi fare durante il giorno, meccanicamente.

Prova soltanto a fermarti sul ciglio della strada e osserva la gente: potrai vedere che stanno tutti camminando nel loro sonno. Sono tutti sonnambuli. E anche tu lo sei.

Due fannulloni erano stati arrestati e accusati di un omicidio che era stato commesso nel quartiere. La giuria li ritenne colpevoli e il giudice li condannò a essere impiccati... e che Dio avesse pietà della loro anima!

I due riuscirono a farsi coraggio fino al mattino del giorno dell'esecuzione. Mentre venivano preparati per il patibolo, uno si rivolse all'altro e disse: «Accidenti, sono proprio fuori di testa. Non riesco a organizzare i miei pensieri. Non so neanche che giorno della settimana sia».

«È lunedì» rispose l'altro.

«Lunedì? Dio mio! Che brutto modo di iniziare la settimana!»

Guardati. Anche in punto di morte la gente continua a ripetere il suo solito comportamento. Per quei due non ci sarà più nessuna settimana: quel mattino saranno impiccati. Ma resta ancora la vecchia abitudine... qualcuno dice che è lunedì, e tu rispondi: «Lunedì? Dio mio! Che brutto modo di iniziare la settimana!».

L'uomo reagisce. Ecco perché i Sufi sostengono che l'uomo è una macchina. Se non inizi a rispondere, se non diventi responsabile... La reazione viene dal passato, la risposta dal momento presente. La risposta è spontanea, la reazione è solo una vecchia abitudine.

Osservati. La tua donna ti dice qualcosa: poi, qualsiasi cosa tu dica, guarda, rifletti. È solo una reazione? Rimarrai sorpreso: il novantanove per cento delle tue azioni non sono affatto azioni, perché non sono risposte, sono solo gesti meccanici.

Succede continuamente: tu dici la stessa cosa e la tua donna reagisce alla stessa maniera, poi tu reagisci e finisce sempre e comunque nel vecchio modo di sempre. Tu lo sai, lei lo sa: ogni cosa è prevedibile.

Ho sentito raccontare:
«Babbo» disse un ragazzo di dieci anni «come iniziano le guerre?»

«Be' figliolo» iniziò a rispondere il padre «diciamo che l'America ha litigato con l'Inghilterra...»

«L'America non sta litigando con l'Inghilterra» interruppe la madre.

«E chi ha detto che sta litigando?» disse il padre, visibilmente irritato. «Stavo soltanto facendo un esempio ipotetico al ragazzo.»

«Ridicolo!» sbuffò la madre. «Gli metterai soltanto un sacco di idee sbagliate in testa.»

«Altro che ridicolo!» rispose il padre ancora più alterato. «Se ascoltasse te non avrebbe alcuna idea.»

Proprio mentre si stava avvicinando il momento di far volare i piatti, il figlio fece sentire la sua voce: «Grazie mamma, grazie babbo. Ho capito... adesso non dovrò più chiedere come iniziano le guerre!».

Osservati semplicemente. Le cose che stai facendo, le hai fatte un'infinità di volte. Hai sempre reagito nello stesso modo. Nella stessa situazione fai sempre la stessa cosa. Ti senti nervoso, prendi una sigaretta e cominci a fumare: è una reazione; lo hai fatto ogni volta che ti sentivi nervoso.

Sei una macchina. Ora il tuo comportamento non è altro che un programma divenuto parte integrante del tuo organismo: ti senti nervoso, la tua mano va nella tasca e riappare con il pacchetto. È praticamente una macchina che compie delle azioni: tiri fuori la sigaretta, la metti in bocca, l'accendi... e tutto questo meccanicamente. Hai agito così milioni di volte, e lo stai facendo di nuovo.

E ogni volta che lo fai, la macchina si rafforza, diventa più meccanica, più abile; più lo fai, meno consapevolezza occorrerà per agire così.

Ecco perché i Sufi sostengono che l'uomo funziona come una macchina. A meno che non inizi a distruggere queste abitudini meccaniche... I Sufi hanno molti metodi per distruggerle. Per esempio, insegnano diversi espedienti. Dicono: «Fa' qualcosa all'esatto contrario di come l'hai sempre fatta».

Provaci. Torni a casa, hai paura, sei in ritardo come al solito e tua moglie è già pronta, si prepara a litigare con te. E tu stai pensando come risponderle, che cosa dire: c'era troppo lavoro in ufficio, qualcosa devi pur inventare. E lei sa ciò che stai progettando, e sa ciò che dirai quando ti chiederà, inevitabilmente, perché sei in ritardo. E a tua volta, tu sai che se le dici che sei in ritardo perché c'era troppo lavoro, non ti crederà. Non l'ha mai creduto: forse ha già controllato; può aver telefonato in ufficio per chiedere dov'eri.

Comunque, questo è solo un esempio. I Sufi dicono. «Oggi va' a casa e comportati in modo completamente diverso». Tua moglie ti chiede: «Dove sei stato?» E tu rispondi: «Facevo l'amore con una donna». E poi osserva che cosa succede. Rimarrà sconvolta! Non saprà che cosa dire, non sarà neppure in grado di trovare le parole per esprimersi. Per un momento sarà completamente persa perché nessuna reazione, nessun vecchio schema, è applicabile a questa situazione.

Oppure, forse, se è diventata troppo simile a una macchina, dirà: «Non ti credo!» come del resto non ti ha mai creduto. «Stai scherzando!»

Ma ogni giorno, quando torni a casa...

Ho sentito raccontare di uno psicanalista che stava dicendo al suo paziente... probabilmente gli stava spiegando i metodi usati dai Sufi: «Oggi quando vai a casa...» infatti il paziente si lamentava continuamente: «Ho sempre paura di tornare a casa. Mia moglie ha un'aria così afflitta, così triste, è sempre disperata, al punto che il mio cuore si abbatte inesorabilmente e io provo il desiderio lancinante di scappare da casa».

Lo psicanalista disse: «Forse sei tu la causa di tutto questo. Fa' qualche cosa: oggi porta a tua moglie dei fiori, del gelato e dei confetti, e quando apre la porta abbracciala forte e dalle un bel bacio! Poi mettiti subito ad aiutarla: pulisci la tavola e le pentole e il pavimento. Fa' qualcosa di assolutamente nuovo che non hai mai fatto prima!».

All'uomo l'idea piacque e decise di metterla in pratica. Andò a casa; non appena la moglie aprì la porta e vide i fiori, il gelato, i confetti e quest'uomo, che non rideva mai, raggiante e che ora l'abbracciava, non riuscì a credere a ciò che stava succedendo! Era sconvolta, non riusciva a credere a ciò che vedeva: forse si trattava di un'altra persona! Dovette guardare di nuovo quell'uomo.

Poi, dopo che lui le diede un bacio appassionato e pulì la tavola, quando si avvicinò al lavandino per mettersi a lavare le pentole, la donna si mise a piangere. Quando l'uomo le chiese: «Perché stai piangendo?». Lei rispose: «Ma sei impazzito? Ho sempre sospettato che un giorno o l'altro saresti diventato matto. Ora è successo. Perché non vai da uno psicanalista?».

I Sufi hanno metodi dirompenti. Dicono: «Agisci in modo totalmente diverso, e non soltanto gli altri rimarranno sorpresi, lo sarai anche tu!». E puoi farlo proprio nelle piccole cose. Per esempio, quando sei nervoso cammini correndo. Ebbene, non farlo: muoviti molto lentamente e osserva. Rimarrai sorpreso: la cosa da qualche parte non si adatterà al tuo ritmo emotivo, al punto che tutta la tua mente meccanica reagirà immediatamente, dicendo: "Che cosa stai facendo? Non l'hai mai fatto!". E se cammini lentamente rimarrai sorpreso: il nervosismo scompare perché hai messo in gioco qualcosa di nuovo.

Questi sono i metodi del Vipassana e dello Zazen.

Se cerchi di approfondire questi metodi scoprirai che le loro fondamenta sono uguali. Quando cammini in Vipassana, devi camminare più lentamente di quanto non hai mai fatto, così lentamente che sarà una cosa completamente nuova. L'intera sensazione è nuova, e la mente reattiva non riesce a funzionare; non può funzionare perché non ha il programma per farlo: cessa semplicemente di funzionare.

Ecco perché in Vipassana ti senti così silenzioso mentre osservi il respiro. Hai sempre respirato ma non hai mai osservato il tuo respiro: è una cosa nuova. Quando rimani seduto in silenzio e ti limiti a osservare il tuo respiro – che entra ed esce, che entra ed esce – la mente si sente perplessa: che cosa stai facendo? Perché non l'hai mai fatto prima. È una cosa talmente nuova che non è in grado di fornire una reazione immediata. Pertanto precipita nel silenzio.

Il fondamento è lo stesso; non importa che sia Sufi, buddhista hindu o musulmano. Se scendi in profondità nei fondamentali della meditazione, la cosa essenziale è sempre una: come de-automatizzarti.

Gurdjieff faceva cose davvero bizzarre ai suoi discepoli. Veniva da lui qualcuno che era sempre stato vegetariano e lui gli diceva: «Mangia carne». Il principio è lo stesso: Gurdjieff era solo un po' più eccentrico. Diceva al vegetariano: «Mangia carne».

Ebbene, osserva un vegetariano mangiare la carne: tutto il suo corpo la rifiuta, vuole vomitarla. E tutta la sua mente è sconcertata e disturbata, l'uomo inizia a sudare, perché la mente non è in grado di far fronte a ciò che sta accadendo.

Ed era proprio ciò che Gurdjieff voleva vedere: come reagiresti di fronte a una situazione nuova. A un uomo che non aveva mai bevuto alcolici, Gurdjieff diceva: «Bevi. Bevi quanto puoi».

E all'uomo che beveva alcolici, diceva: «Smetti per un mese. Non bere neppure un goccio di alcol».

Voleva creare situazioni totalmente nuove per la mente, situazioni a cui la mente non trovava risposta, nessuna risposta preimpostata, per cui poteva solo precipitare nel silenzio.

La mente funziona in un modo meccanicamente ripetitivo, come un pappagallo.

Ecco perché i Maestri Zen a volte percuotono i loro discepoli. Di nuovo si tratta dello stesso principio: quando vai da un Maestro non ti aspetteresti che un Buddha ti colpisca, oppure sì? Quando vai da un Buddha ci vai con l'aspettativa che sarà amorevole e pieno di compassione, ti aspetti che riversi amore su di te e ti metta la mano sulla testa. Ma questo Buddha ti colpisce: prende il suo bastone e ti dà un sonora bastonata sulla testa! Ebbene, è qualcosa di sconvolgente: un Buddha che ti bastona? Per un attimo la mente si ferma; non ha idea di che cosa fare, ha smesso di funzionare.

E questo non-funzionamento è l'inizio. A volte una persona si illumina solo perché il Maestro ha fatto qualcosa di assurdo.

La gente ha delle aspettative, vive attraverso queste aspettative. Non sa che i Maestri non si adattano ad alcun tipo di aspettativa.

L'India era abituata a Krishna e a Rama e a persone come quelle. Poi venne Mahavira, che si presentava nudo. Non puoi immaginarti Krishna nudo: indossava sempre abiti bellissimi, i più belli possibile; era una delle persone più belle mai esistite. Indossava ornamenti intessuti d'oro e diamanti. Ma ecco che all'improvviso compare Mahavira. Che cosa voleva dire Mahavira, presentandosi nudo? Sconvolse l'intero Paese, e grazie a questo shock aiutò molte persone.

Ogni Maestro deve decidere in che modo scuotere, sconvolgere. Ebbene, in India non si è conosciuto un uomo come me, da secoli; pertanto, qualsiasi cosa faccio, qualsiasi cosa dico, è uno shock, colpisce, sconvolge. L'intero Paese ne è scosso: un brivido intenso scorre lungo la spina dorsale di tutta questa nazione. Io mi diverto moltissimo, perché quella gente non riesce neppure a immaginare... E un uomo che si trova in cima a una collina ha una vista migliore della valle sotto di lui. L'uccello in volo può vedere tutto quello che accade sulla Terra: ha una prospettiva e una veduta più ampie. Io vedo in modo migliore perché non faccio più parte della vallata, e vedo ciò che accade nella valle...

Inoltre, non sono qui per soddisfare le vostre aspettative. Se dovessi soddisfarle, non potrei mai trasformarvi. Io sono qui per distruggere tutte le vostre aspettative, sono qui per sconvolgervi. E grazie a queste esperienze sconvolgenti, la vostra mente si fermerà. Non sarete in grado di immaginarvi... e quello è il punto in cui qualcosa di nuovo entrerà in voi.

Ecco perché ogni tanto dico cose che si pensa non debbano essere dette. Ma chi siete voi per decidere quello che dovrei dire e quello che non dovrei dire? E naturalmente quando qualcosa va contro le vostre aspettative reagite immediatamente in base ai vostri vecchi condizionamenti.

Coloro che reagiscono in base ai loro condizionamenti mancano un'opportunità di risveglio. Chi non reagisce in base ai vecchi condizionamenti, precipita nel silenzio e si ritrova in una nuova dimensione. Nei miei discorsi, con le mie parole, io cerco di colpire a destra e a manca, deliberatamente!

I Sufi dicono che l'uomo è una macchina perché l'uomo si limita a reagire, in base ai programmi che gli sono stati inculcati. Inizia a comportarti in modo responsabile e non sarai più una macchina. E quando non sei più una macchina, sei un uomo: a quel punto nasce l'uomo.

Osserva, diventa vigile, attento, presente e continua a

lasciare perdere tutti i comportamenti reattivi che hai dentro di te. In ogni istante cerca di rispondere alla realtà, non in base all'idea preconcetta che hai in te, ma secondo la realtà che esiste là fuori. Rispondi alla realtà! Rispondi con tutta la tua consapevolezza ma non con la tua mente.

E quando rispondi spontaneamente e non reagisci, nasce l'azione. E l'azione è bellissima, mentre la reazione è orribile. Solo un uomo consapevole agisce, l'uomo che non è consapevole reagisce. L'azione libera. La reazione continua a creare le stesse catene, rendendole sempre più spesse, più dure e più forti.

Vivi una vita di risposta e non di reazione!

Parte prima
LA NATURA DELLE EMOZIONI

Che cosa sono i tuoi pensieri?
Semplici increspature su un lago, cos'altro possono essere?
Che cosa sono le tue emozioni, i tuoi stati d'animo,
che cosa sono i tuoi sentimenti?
Che cos'è mai l'intero complesso della tua mente?
Semplice agitazione, sconquasso, turbolenza.
Ed è a causa di questa turbolenza
che non riesci a vedere la tua natura essenziale.
Continui a lasciarti sfuggire il tuo stesso essere.
Nel mondo incontri ogni tipo di persone
ma non incontri mai te stesso.

Un'esplosione improvvisa

La rabbia esplode improvvisa,
ma non puoi restare in collera per sempre.
Perfino l'uomo più rabbioso a volte ride,
deve farlo.
Essere in collera
non può diventare uno stato di cose permanente.
Perfino l'uomo più triste sorride,

e perfino l'uomo che ride continuamente
a volte piange e si dispera e le lacrime riempiono i suoi occhi.
Le emozioni non possono essere qualcosa di permanente,
per questo vengono chiamate così:
la parola viene da "moto", indica movimento.
Si muovono, per questo sono "emozioni".
Si passa continuamente da un'emozione all'altra
un momento sei triste, un altro sei felice;
un momento sei in collera,
un altro riveli una profonda compassione,
un momento ami,
un altro avvampi di odio;
il mattino era meraviglioso,
la sera è orribile...
è un processo che scorre come un flusso inarrestabile.
Ebbene, questa non può essere la tua natura;
infatti, dietro a tutti questi continui mutamenti,
deve esistere qualcosa, simile a un filo,
che li tiene uniti e li collega l'uno all'altro.
Chiediti dunque: "Che cosa permane sempre
dentro di me?"

La fonte delle emozioni

Il senso comune trasmette l'idea che sia il cuore
la fonte di emozioni quali: l'amore, l'odio o la rabbia.
Così come la mente è la fonte dei pensieri razionali,
il cuore è la fonte di tutto ciò che è emotivo e sentimentale.
Ma questo è solo ciò che crede il senso comune.

Da sempre si vive
con questa divisione dettata dalla tradizione,

secondo cui immaginazione, sensazioni, emozioni
e sentimenti appartengono al cuore, ne sono i frutti.
Ma il cuore è solo un sistema di pompaggio del sangue.
Tutto ciò che pensi, immagini o senti
è confinato nella mente.
Nella tua mente esistono settecento centri
e sono questi a controllare ogni cosa.

D'altra parte, quando il Buddha parla del "cuore"
intende il centro stesso del tuo essere.
Nella sua comprensione, il fatto che ami,
che odi e via dicendo,
tutto quanto scaturisce dalla tua mente.
E io penso che egli sia stato assolutamente scientifico
qualsiasi psicologo concorderà con le sue conclusioni

Da dove scaturisce la collera...

Lo puoi sperimentare da solo.
Puoi vedere da dove scaturisce la tua collera:
dalla mente.
Puoi vedere da dove affiorano le tue emozioni:
nella mente.
La mente è un fenomeno immenso:
abbraccia l'intera dimensione del pensiero razionale
tutti i tuoi schemi e meccanismi emotivi
e tutti i tuoi sentimenti.

È importante comprenderlo:
le emozioni sono tutte nella testa,
viceversa la consapevolezza non lo è.
In realtà, è la testa a essere nella tua consapevolezza!

La consapevolezza è qualcosa di sconfinato, di infinito.
Emozioni, desideri, ambizioni
si trovano tutti nella tua testa
e alla fine moriranno, per mancanza di vitalità.
Viceversa, anche quando la tua testa sarà morta,
quando sarà scomparsa completamente nella terra,
la tua consapevolezza non scomparirà.
Non sei tu a contenere la consapevolezza:
è la consapevolezza a contenerti,
è infinitamente più grande di te.

Il solo peccato

Certo, è assolutamente vero:
le tue emozioni, i tuoi sentimenti, i tuoi pensieri,
tutto ciò che dà vita e forma alla tua mente,
è tutto frutto del mondo esterno,
è manipolato dall'esterno.
Grazie agli studi scientifici oggi è diventato più evidente.
Ma anche senza alcuna ricerca scientifica,
da migliaia di anni i mistici
hanno continuato a ripetere la stessa cosa:
tutte le cose di cui la tua mente è ricolma
non ti appartengono, non sono tue;
tu sei al di là di esse.
Certo,
tu ti identifichi con tutto ciò,
e questo è il solo peccato che si possa commettere.

La mente e il cuore

La mente è una parte divisa dal Tutto che pensa
e il cuore è un'altra parte divisa dal Tutto,
una parte della stessa mente,
che sente.
Sentire e pensare, pensieri ed emozioni...
viceversa il testimone,
l'osservazione distaccata e imparziale,
è qualcosa di separato da entrambe.
Il testimone osserva sia che tu pensi...
scorre un pensiero, oppure tu provi collera:
il testimone comunque osserva.
Un'emozione scorre simile a una nuvola
e tu la vedi passare.
Tu non sei né buono né cattivo.
Non sei né piacevole né orribile.
Non sei né il pensiero né le emozioni.
Tu non sei né la mente né il cuore.

Il caos è qualcosa di meraviglioso

L'amore rende sempre nervosi.
Accade per motivi ben precisi:
l'amore scaturisce dall'inconscio
e tutte le tue abilità risiedono nella dimensione cosciente:
tutto il tuo sapere, tutte le tue capacità manuali
si trovano nella dimensione conscia.
L'amore affiora dall'inconscio
e tu non sai come gestire, come interagire, come operare
con tutto ciò, ed è qualcosa di travolgente.
L'inconscio è nove volte più grande della sfera conscia,

per cui, tutto ciò che affiora dall'inconscio, travolge.
Ecco perché la gente ha paura di emozioni e sensazioni;
le frena, perché teme che possano generare caos;
e lo scatenano davvero,
ma il caos è qualcosa di meraviglioso!
Esiste un bisogno di ordine
ma esiste anche un bisogno di caos.
Quando l'ordine è necessario, usalo,
usa la mente conscia;
quando il caos è necessario,
usa l'inconscio
e lascia che il caos esploda.
Una persona integra, totale, completa
è in grado di usare entrambe le realtà,
e non permette alcuna interferenza
del conscio nell'inconscio
o dell'inconscio nella sfera cosciente.

Da qualche parte esiste un testimone

Noi crediamo nella vita presa nella sua totalità,
nei suoi giorni e nelle sue notti,
nei giorni di Sole e nei giorni nuvolosi.

Noi crediamo che tutto nella vita si possa godere.
Hai solo bisogno di un po' più di consapevolezza,
di una maggior consapevolezza di ciò che accade.

No, tu non sei la tua mente e non sei il tuo corpo.
Da qualche parte dentro di te
esiste un testimone
che può continuare a osservare
la mente, le emozioni, tutte le reazioni del corpo.

Quel testimone sei tu!
E quel testimone è in grado di godere ogni cosa,
una volta che tu sei centrato in lui.

Dietro la mente si trova il tuo Sé reale

La mente si sente infelice, soffre, si sente miserabile;
la tua mente prova ogni sorta di emozione,
di attaccamento, di desiderio e di aspirazione...
ma sono tutte proiezioni della mente.
Dietro la mente si trova il tuo Sé reale
che non si è mai mosso, non è mai andato altrove,
non va mai da nessuna parte.
È sempre qui... è sempre qui!

La vera differenza

Se ti senti in collera, sii in collera e non giudicare,
non dire dentro di te che è un bene oppure un male.
Questa è la sola differenza tra emozioni negative
ed emozioni positive:
se diventi consapevole di una specifica emozione,
e se questa emozione si dissolve
a causa del tuo esserne diventato consapevole,
si tratta di un'emozione negativa.
Se viceversa diventando consapevole di un'emozione
vedi che tu stesso diventi quell'emozione
e se poi si diffonde e diventa il tuo essere,
si tratta di un'emozione positiva.
In entrambi i casi la consapevolezza opera in modo diverso.
Se si tratta di un'emozione che avvelena il tuo organismo,

grazie alla consapevolezza ne vieni liberato.
Se è qualcosa di buono, di sublime, di estatico
ti fondi con l'emozione stessa.
La consapevolezza la rende più profonda.
Ebbene, per me questo è il criterio da applicare:
se qualcosa diviene più profondo
grazie alla consapevolezza,
è qualcosa di buono;
se qualcosa si dissolve tramite la consapevolezza,
è qualcosa di male.
Ciò che nella consapevolezza non può rimanere è peccato,
ciò che nella consapevolezza cresce e si sviluppa è virtù.
Virtù e peccato non sono concetti dati dalla società,
sono realizzazioni interiori.

Perfino le emozioni negative sono buone...

Vorrei dirti questo:
perfino le emozioni negative sono buone,
se sono reali;
e se sono reali, piano piano la loro stessa realtà
le trasformerà.
Diverranno sempre più positive
e verrà un momento in cui
ogni positività e ogni negatività scomparirà.
Tu rimarrai semplicemente autentico:
non saprai che cosa è bene e che cosa è male,
non saprai che cosa è positivo e che cosa è negativo.
Sarai semplicemente autentico.
Questa autenticità
ti permetterà di avere un'intuizione del reale.
Solo ciò che è reale può conoscere il reale,

ciò che è vero può conoscere la verità,
ciò che è autentico
può conoscere l'autenticità che ti circonda.

Emozioni e sentimentalismo

L'emozione è purezza,
il sentimentalismo è un trucco.
È un trucco che hai imparato...
La donna sa che, se piange, vince!
Ebbene, a volte il pianto non viene affatto,
poiché non è facile manipolare le lacrime.
Tuttavia la donna si sforza, finge, recita
per far uscire quelle lacrime:
quelle lacrime sono false.
Anche se piange a dirotto,
quelle lacrime sono false,
poiché non nascono spontaneamente
ma sono state indotte con la forza.
Il sentimentalismo è un'emozione creata,
manipolata, generata con l'astuzia.
La razionalità è una cosa:
la razionalizzazione è una manipolazione della ragione
e il sentimentalismo è una manipolazione dell'emozione.
Se sei razionale, se sei veramente razionale,
diventerai uno scienziato.
Se sei veramente emotivo, diventerai un poeta.
Entrambe le cose sono stupende, meravigliose.
Comunque, un dialogo sarà possibile,
verrà facilitato.
Con la razionalizzazione e il sentimentalismo
qualsiasi dialogo è estremamente difficile,

viceversa con la ragione e l'emozione non è così difficile:
ancora ci saranno delle difficoltà,
ma esisterà una compassione,
lo sforzo di comprendersi a vicenda.

Molta gente pensa che il sentimentalismo sia spiritualità.
Le emozioni sono mentali tanto quanto lo sono i pensieri
E ciò che tu definisci "il tuo cuore"
è nella tua testa, tanto quanto lo è la tua mente.
Puoi diventare emotivo facilmente:
puoi piangere e disperarti,
con le lacrime che ti scendono a fiotti,
lacrimoni giganteschi… ma nulla di tutto ciò è spirituale.
Le lacrime sono qualcosa di fisico,
come qualsiasi altra cosa.
Gli occhi sono parte del corpo,
e le emozioni sono un disturbo della tua energia fisica.
Piangi e ti disperi… ovviamente ti sentirai sollevato,
dopo esserti fatto un buon pianto
ti sentirai rilassato, ti sentirai sollevato.
Nel mondo intero tutte le donne lo sanno:
sanno benissimo che è d'aiuto.
Piangono e si disperano
e poi si sentono sollevate.
È una catarsi,
ma in tutto questo non vi è nulla di spirituale.
Tuttavia la gente continua a confondere le cose:
si continua a pensare che cose per nulla spirituali lo siano.

Dove finisce la strada?

La mente è stata addestrata all'espressione,
il cuore è stato ignorato.
Pertanto è difficile concordare con i poeti,
con Kahlil Gibran per esempio,
e sulla loro continua enfasi
a dare spazio al cuore.
Il cuore è una stazione intermedia,
non è il terminal del viaggio.
La stazione finale è il tuo essere:
lì la strada finisce,
poiché non vi è altra meta da raggiungere.

Repressione e controllo

Non si vedono mai gli animali andare in guerra;
certo, a volte scoppiano delle lotte,
ma si tratta di lotte individuali, mai di guerre mondiali
in cui tutti i corvi dell'Oriente
lottano contro tutti i corvi dell'Occidente,
oppure tutti i cani dell'India
lottano contro tutti i cani del Pakistan.
Non accade mai:
i cani non sono così sciocchi, tantomeno i corvi
Certo, a volte lottano,
e non c'è nulla di male in quelle lotte.
Se la loro libertà viene violata,
lottano, ma sono lotte individuali,
mai guerre mondiali:
ma voi, che cosa avete fatto?
Avete represso l'umanità

e avete impedito alle persone di andare in collera,
e a volte accade, è naturale.
Il risultato finale di quella proibizione
è che tutti continuano ad accumulare rabbia,
e continuano a reprimere quella rabbia,
per cui un giorno tutti sono così carichi di veleno
che esplode inevitabilmente una guerra mondiale.
Ogni dieci anni una guerra mondiale è necessaria.
E chi ne è responsabile?
I vostri cosiddetti santi e i moralisti, i presunti benefattori,
tutte le persone che non vi hanno mai permesso
di essere naturali.

Che cosa è la repressione?

Repressione è vivere una vita
che non avresti mai dovuto vivere.

Repressione è fare cose che non avresti mai voluto fare.

Repressione è essere qualcuno che non sei.

Repressione è un modo per distruggere te stesso.

Repressione è un suicidio.
Certo, è un suicidio molto lento,
ma sicuro, un suicidio lento e sicuro.

L'espressione è vita, la repressione è suicidio.

Perché?

Come mai l'uomo si reprime tanto
e si ammala così gravemente?

Accade
perché la società insegna a controllarsi,
non a trasformare ma a controllare,
e la via della trasformazione è del tutto diversa:
non è affatto una strategia di controllo,
è qualcosa di totalmente diverso, di opposto.

Conscio e inconscio

Attraverso la repressione, la mente si divide, si dissocia.

La parte che accetti diventa l'elemento conscio,
la parte che neghi diventa l'inconscio.

Questa divisione non è naturale
accade a causa della repressione.
E ti abitui a buttare nell'inconscio
tutta l'immondizia che la società rifiuta.

Ma ricorda.
qualsiasi cosa accumuli nell'inconscio,
diventa sempre di più parte di te,
si riversa nelle tue mani, nelle tue ossa, nel tuo sangue,
nel battito stesso del tuo cuore.

E oggi gli psicologi affermano
che in pratica l'ottanta per cento delle malattie

è causato da emozioni represse:
tanti attacchi cardiaci
indicano semplicemente tanta rabbia repressa,
un odio così forte da avvelenare il cuore.

Nella trasformazione esprimi

La prima cosa:
controllandoti reprimi,
nella trasformazione esprimi.
Ma non occorre esprimere qualcosa su qualcun altro,
poiché quel "qualcuno" è del tutto irrilevante.
La prossima volta che ti senti in collera
va' e corri intorno a casa tua per sette volte,
poi siediti sotto un albero e osserva:
dov'è andata la tua rabbia?
Non l'hai repressa, non l'hai controllata,
non l'hai gettata su qualcun altro...
infatti, se la scarichi su qualcuno si crea una catena,
poiché l'altro è sciocco e inconsapevole quanto lo sei tu.
A sua volta riverserà su di te una rabbia maggiore
poiché è represso tanto quanto lo sei tu.
A quel punto si innescherà una reazione a catena:
tu butterai rabbia su di lui,
lui la butterà su di te,
e diventerete acerrimi nemici!

Non riversare la tua rabbia su nessuno.
È una sensazione simile al vomito:
non vai mai a vomitare su qualcun altro!
La rabbia deve essere vomitata:
va' in bagno e vomita!

Farlo, ripulisce tutto il tuo organismo.
Reprimere un conato di vomito sarà pericoloso,
mentre, dopo aver vomitato ti senti meglio,
alleggerito, liberato, ti senti bene, più sano.
Qualcosa di quello che hai mangiato ti ha fatto male,
e il tuo corpo l'ha rifiutato, l'ha espulso.
Non costringerti a trattenerlo nell'organismo!

La rabbia non è altro che un vomito mentale:
hai assorbito qualcosa di sbagliato
e tutto il tuo essere psichico lo vuole espellere,
ma non è necessario rigettarlo su qualcuno.
Ed è proprio perché la gente vomita sugli altri
che la società impone il controllo.

Ancora su reazione e risposta

Quando sei spontaneo
significa che non stai recitando
in base a un'idea pianificata in precedenza.
In realtà non eri pronto,
non ti eri preparato a fare qualcosa:
l'azione è scaturita come una risposta, spontaneamente.

Dovrai comprendere alcune parole.
Prima di tutto la distinzione tra una reazione
e una risposta.
La reazione è dominata dall'altra persona.
Qualcuno ti ha insultato: vai in collera
e agisci mosso dall'ira.
Questa è una reazione.
Non sei una persona indipendente: chiunque

ti può strattonare
e spingere in una direzione o in un'altra.
Ti lasci influenzare facilmente,
emotivamente puoi essere ricattato.
La reazione è un ricatto emozionale.
Tu non eri in collera.
Qualcuno ti ha insultato
e quell'insulto ha scatenato la tua collera,
e ora da quell'ira nasce la tua azione.

La risposta è frutto della libertà,
non dipende dall'altra persona.
L'altro potrebbe insultarti, ma tu non vai in collera;
al contrario, mediti su ciò che è accaduto:
perché ti insulta?
Forse ha ragione.
In questo caso devi essergli grato, non andare in collera.
Forse ha torto.
Se è così,
perché mai dovresti lasciar bruciare il cuore di rabbia?
Se ha torto, è lui ad avere torto!

Totalità

Vivi, danza, mangia, dormi
fa' ogni cosa il più totalmente possibile.
E ricorda sempre:
quando vedi che ti stai creando un problema,
di qualsiasi cosa si tratti,
scivolane fuori, immediatamente!
Una volta che ti troverai intrappolato in un problema,
sarà necessario trovare una soluzione.

E se anche troverai una soluzione, da quella
torneranno ad affiorare mille e un problema.
Una volta che ti sarai lasciato sfuggire il primo passo,
sarai in trappola.
Dunque, ogni volta che ti vedi scivolare in un problema,
afferrati saldamente...
corri, salta, danza,
ma non lasciarti intrappolare da quel problema.
Fa' immediatamente qualcosa
così che l'energia che sta creando problemi
torni fluida, si sciolga, si fonda,
ritorni al cosmo.

Integrità

Le emozioni non ti aiuteranno
a diventare un individuo integro.
Non ti daranno mai un'anima solida come granito.
Rimarrai del tutto simile a un pezzo di legno morto,
mosso di qua e di là dalla corrente,
senza saperne il motivo.

Le emozioni accecano l'uomo proprio come l'alcol.
Possono avere nomi bellissimi, come l'amore,
possono avere nomi orribili, come l'odio,
d'altra parte, ogni tanto devi andare in collera
con qualcuno: è un sollievo.

In India è facile vedere a volte dei cani
fare l'amore per la strada
e la gente tira loro delle pietre.
Ma quei poveretti non stanno facendo nulla di male,

stanno solo espletando una necessità biologica
che voi tutti rispettate,
semplicemente non si devono nascondere in una casa,
e lo fanno alla perfezione!
Eppure una folla li circonda e tira loro dei sassi,
li prende a bastonate... che strano comportamento!

Ogni tanto la gente ha bisogno di andare in collera,
così come ogni tanto ha bisogno di essere innamorata
e ogni tanto ha bisogno di odiare qualcuno.

Una persona molto pericolosa

Una persona che non va mai in collera
e che continua a controllare la propria rabbia
è molto pericolosa.
Stanne attento! Ti può uccidere.
Se tuo marito non va mai in collera,
denuncialo alla polizia.
Un marito che a volte va in collera
è solo un essere umano naturale,
non c'è nulla da temere da lui.
Un marito che non va mai in collera,
un giorno all'improvviso ti salterà addosso e ti strozzerà;
e lo farà come se fosse posseduto da qualcosa.
Da sempre gli assassini in tribunale dichiarano:
"Abbiamo ucciso, ma eravamo posseduti".
Chi li possedeva?
Il loro inconscio, il loro inconscio represso
che è esploso.

Sensibilità e consapevolezza

La sensibilità cresce con la consapevolezza.
Con il controllo diventi ottuso e morto,
queste sono qualità del meccanismo di controllo:
se sei ottuso e morto nulla ti toccherà,
il tuo corpo sarà simile a una cittadella,
perfettamente difesa.
Nulla ti colpirà, né l'insulto né l'amore.
Ma questo controllo ha un prezzo altissimo,
ed è un prezzo che non vale la pena pagare.
Infatti, questo diventerà l'unico sforzo della tua vita:
come controllarti... e alla fine muori!
L'intero sforzo di controllarti assorbe tutta la tua energia,
e alla fine, semplicemente, muori!
Così la vita diventa qualcosa di ottuso, di spento, di morto:
in qualche modo tiri avanti...

La società ti insegna il controllo e la condanna,
perché un bambino si controllerà
solo se sente che qualcosa viene condannato.

Il più grande inganno

La mente può giocare a essere silenziosa,
ma è solo un gioco.
Può giocare a essere priva di pensieri,
a non avere emozioni, ma sarà solo un gioco:
pensieri ed emozioni
verranno semplicemente repressi.
In realtà quelle emozioni saranno piene di vita,
pronte a balzare fuori in qualsiasi momento.

Le presunte religioni e i cosiddetti santi
sono caduti in questo errore:
rendere immobile la mente, zittirla.
Se continui a stare seduto in silenzio,
nel tentativo di controllare i tuoi pensieri,
senza permettere alle tue emozioni di esprimersi,
senza concedere alcun moto interiore,
piano piano questa diventerà una tua abitudine.

Questo è il più grande inganno che puoi fare a te stesso,
infatti tutto resterà immutato,
non cambierà nulla,
ma in apparenza sembrerà
che tu abbia vissuto una profonda trasformazione.

Parte seconda
LA RABBIA

Se vuoi davvero conoscere che cosa sia la rabbia,
entraci, meditaci sopra, assaporala in molti modi,
permettile di accadere dentro di te,
lasciatene avvolgere, lascia che ti rannuvoli,
sentine tutto il dolore e la sofferenza,
sentine gli aculei e il veleno,
senti come ti trascina in basso,
i modi in cui crea una valle oscura per il tuo essere
Senti come attraverso la rabbia cadi in un inferno
in che modo diventa una corrente impetuosa
che ti trascina inesorabilmente verso il basso.
Percepisci tutto questo, conoscilo
Quella comprensione
darà il via a una trasformazione dentro di te.
Conoscere la verità significa essere trasformati.

La verità libera,
ma deve essere sentita da te in prima persona.

Che cos'è la rabbia?

Questa è la psicologia della rabbia:
tu vuoi qualcosa,
e qualcuno ti impedisce di ottenerlo.
Qualcuno diventa un blocco, un ostacolo.
Tutta la tua energia era protesa a ottenere qualcosa
e qualcuno l'ha bloccata,
per cui non riesci a ottenere ciò che volevi.
Ebbene, questa energia frustrata diventa rabbia:
rabbia contro la persona che ha distrutto
la possibilità di realizzazione di un tuo desiderio.

Tutto ciò che ti appartiene è vero

La tua rabbia è vera perché ti appartiene,
tutto ciò che ti appartiene è vero.
Trova dunque la fonte di questa rabbia,
scopri da dove nasce, qual è il suo punto di origine.
Chiudi gli occhi e muoviti all'interno del tuo essere,
prima che vada perduta,
risali fino a quella sorgente...
e raggiungerai il vuoto.
Retrocedi ancora di più, scendi ancora più in profondità
muoviti negli abissi del tuo essere
e verrà il momento in cui vedrai
che non c'è rabbia alcuna.
All'interno, nel centro dell'essere
non vi è rabbia alcuna.

Da dove nasce la rabbia?

La rabbia non nasce mai dal tuo centro,
ha origine dall'ego
e l'ego è una falsa entità.
Se scendi in profondità
vedrai che tutta la tua rabbia ha origine alla periferia,
non sorge mai dal centro.
Non potrebbe avere origine nel centro del tuo essere·
là vi è vuoto, vuoto assoluto.
Dunque, la rabbia nasce solo dall'ego
e l'ego è una falsa entità creata dalla società,
è una realtà relativa, un'identità.
All'improvviso vieni aggredito
e l'ego si sente ferito... ed ecco la rabbia.

Scava dentro di te

Quando vedi rabbia negli altri,
va' e scava profondamente dentro di te
e vedrai che quella rabbia si trova anche lì
Quando vedi troppo ego negli altri
va' semplicemente dentro di te
e vedrai quell'ego seduto lì dentro.

La dimensione interiore opera come un proiettore:
gli altri diventano schermi
e tu inizi a vedere dei film su di loro,
che di fatto sono solo i nastri registrati di ciò che sei tu.

Tu sei rabbia

Dato che hai represso un'enorme quantità di rabbia
ora non ci sono mai momenti
in cui non sei in collera, arrabbiato;
al massimo, si può dire che ci siano momenti
in cui sei meno rabbioso
e altri in cui lo sei di più.

Tutto il tuo essere è avvelenato
a causa di infinite repressioni.
Mangi con rabbia...
e quando una persona mangia
senza essere preda della rabbia
i suoi gesti hanno una qualità totalmente diversa:
è piacevole osservarla
poiché mangia in modo non violento.
Potrebbe anche mangiare carne,
ma la mangia senza violenza;
tu potresti mangiare solo verdura e frutta,
ma se in te c'è rabbia repressa,
le mangerai con violenza.

Mangiando, i denti e la bocca sfogano quella rabbia.
Mastichi il cibo come se fosse il nemico!

Ogni gesto può rivelare la rabbia

La prossima volta che fai l'amore, osserva:
i tuoi gesti sono gli stessi che fai
quando sei aggressivo.
Metti uno specchio di fianco a te

e osserva il tuo volto,
guarda che cosa accade sulla tua faccia!
Vedrai le mille maschere in cui si deforma
a causa della rabbia e dell'aggressività.

Mangiando, diventi rabbioso:
osserva una persona che mangia.
Osserva una persona che fa l'amore:
la rabbia è scesa così in profondità
che perfino l'amore,
un'attività del tutto opposta alla rabbia,
perfino questa realtà è ora avvelenata.
E, anche l'atto del mangiare,
un'azione del tutto neutrale, è avvelenato.
Pertanto, in questo stato di cose,
il semplice gesto di aprire una finestra rivela rabbia,
deporre un libro sul tavolo rivela rabbia,
togliersi le scarpe rivela rabbia,
dare la mano a qualcuno rivela rabbia...
e questo perché ora tu sei la rabbia in persona.

Un consiglio...

Se vuoi conoscere la rabbia
solo per liberartene,
la cosa sarà alquanto complessa,
perché l'attitudine stessa,
il tuo desiderio di liberarti dalla rabbia,
genererà una distinzione.
In questo caso parti con il presupposto
che la rabbia sia cattiva
e l'assenza di rabbia sia una cosa buona;

che il sesso sia qualcosa di male
e l'assenza di sessualità qualcosa di bene;
che l'avidità sia male e la non avidità sia bene.

Sollevando simili distinzioni,
incontrerai difficoltà enormi
a riconoscerne i tratti salienti nella tua realtà.

In questo caso, anche se riesci a trascendere tutto ciò,
si tratterà solo di repressione.

Cogli la bellezza della collera

È sufficiente un semplice gesto di autentica spontaneità,
perché tu sia immediatamente trasportato
da questo in un altro mondo.
L'amore... o perfino la rabbia,
certo, io ti dico che perfino le emozioni positive,
se sono false, sono orribili, disgustose, perverse;
e perfino le emozioni negative,
se sono autentiche, sono belle, meravigliose.

Perfino la rabbia è bellissima,
quando tutto il tuo essere la percepisce,
quando ogni fibra del tuo essere vibra
attraversata da quella emozione travolgente.

Osserva un bambino in collera
e ne percepirai la bellezza.
Tutto il suo essere è immerso nella rabbia.
Irradia collera. Il suo volto è rosso di rabbia.
Un bambino così piccolo

appare incredibilmente potente
al punto che sembra poter distruggere il mondo intero!

E che cosa accade a un bambino,
quando è così arrabbiato?
Nel giro di pochi minuti, di qualche secondo,
tutto cambia
e lui è felice, danza e corre di nuovo intorno alla casa.
Come mai a te non accade?
Tu passi da una falsità all'altra.

Qualcosa di momentaneo

In realtà, la rabbia non è un fenomeno
che dura per sempre,
per sua stessa natura è qualcosa di momentaneo.
Se la rabbia è reale, dura solo qualche istante;
e mentre è presente, autentica, è bellissima.
Non fa male a nessuno.
Un fenomeno reale e spontaneo
non può fare male a qualcuno.
Solo ciò che è falso ferisce, fa del male.
In un uomo in grado di essere spontaneamente in collera,
quell'ondata di rabbia svanisce dopo pochi secondi
e lui si rilassa perfettamente
toccando l'altro estremo:
diventa infinitamente amorevole.
Al contrario, la tendenza è a ricrearla continuamente,
a rinnovarla ancora e di nuovo.

Se trattieni un vulcano...

Le cosiddette persone non violente
sono le persone più abnormi che esistano al mondo.
Non sono mai persone buone e brave
perché stanno trattenendo un vulcano.
Con loro non puoi sentirti a tuo agio.
In loro è presente qualcosa di pericoloso:
lo puoi sentire, lo puoi toccare,
scaturisce dal loro essere
come un sibilo assordante.

Non dividerti in due

Come prima cosa, ti suggerisco di non dividerti in due.
Avrei voluto consigliarti di essere un testimone imparziale
e di osservare, come dall'alto di una collina,
ma il tempo non è ancora maturo,
non può esserlo.
Prima che tu possa essere totalmente unito,
con un'osservazione distaccata e attenta,
devi attraversare
l'inferno di tutte le tue emozioni negative;
altrimenti verranno represse
e potranno eruttare in qualsiasi momento,
basterà un attimo di debolezza ed esploderanno.
Dunque, è meglio liberarsene.
Ma per liberarsene, non occorre
essere un testimone imparziale, distaccato.

Prima di tutto,
dimentica qualsiasi osservazione distaccata.

Vivi ogni emozione che senti: tu non sei nulla di tutto ciò.
Pieno di odio, orribile, indegno... di qualsiasi cosa si tratti,
sii esattamente tutto ciò.
Da' a quelle emozioni negative l'opportunità
di affiorare totalmente alla tua sfera cosciente.

In questo momento, con il tuo sforzo
di essere un testimone che osserva in modo distaccato
non stai facendo altro che reprimerle nell'inconscio.
E tutto ciò che accumuli nella tua vita quotidiana
viene di nuovo trattenuto a forza.
Non è questo il modo
per liberarsi da quelle emozioni negative.
Lasciale uscire: vivile! Soffrile!
Sarà difficile e fastidioso
ma ne sarai infinitamente ricompensato.
Una volta che le avrai vissute,
quando le avrai sofferte e accettate,
quando avrai riconosciuto che questo sei tu,
che non sei tu ad averti ridotto in questo stato
per cui non occorre che ti giudichi e ti condanni:
ti sei ritrovato in questo modo...
una volta che avrai vissuto tutto ciò consciamente,
senza alcuna repressione,
rimarrai sorpreso nel vedere che scompaiono da sole,
spontaneamente.
La loro pressione, la loro forza grava sempre meno su di te,
non sono più così soffocanti.
E quando se ne saranno andate,
allora forse potrà arrivare il momento in cui
potrai osservare come un testimone imparziale, distaccato.

Non fraintendermi

Ricorda di non fraintendermi.
Ho detto: «Esprimi le tue emozioni negative»,
non ho detto: «Pubblicamente!»
È così che le cose vengono distorte.
Infatti, se ti senti in collera con qualcuno
e inizi a esprimere la tua rabbia,
e l'altro non sarà un Gautama il Buddha
che resta seduto in silenzio...
l'altro non è una statua di marmo:
a sua volta farà qualcosa.
Tu esprimerai la tua rabbia, lui esprimerà la sua.
La cosa creerà ancora più rabbia dentro di te,
e questa rabbia
e questa violenza si scateneranno anche nell'altro
che a sua volta reagirà con maggior violenza
e con spirito di vendetta.
Inoltre, tenderai a essere ancora più totale,
poiché ti è stato detto
di esprimere le tue emozioni negative...

Certo, io ti ho detto di esprimerle
ma non intendo dire di farlo *pubblicamente*.
Se ti senti in collera, va' nella tua stanza,
chiuditi dentro a chiave,
picchia un cuscino,
mettiti di fronte a uno specchio
e urla al tuo volto riflesso,
di' tutto ciò che non hai mai detto a nessuno
ma che hai sempre voluto dire.
In ogni caso, dev'essere qualcosa di totalmente privato,
altrimenti non ci sarà mai fine.

Le cose continuano a muoversi in cerchio,
e noi vorremmo porre una fine.
Se veramente lo vuoi,
nel momento in cui provi un'emozione negativa
nei confronti di una qualsiasi persona,
ricorda che l'altro non è mai la cosa importante,
non è lui l'elemento principale in questione.

Esprimi, non controllare, ricordalo ancora!

No, non è affatto necessario
scaricare la propria rabbia su qualcuno,
chiunque egli sia.
Puoi ritirarti in bagno,
puoi farti una lunga passeggiata:
è semplicemente un segnale
che qualcosa dentro di te
ha bisogno di un'attività
che richiede un'azione rapida e intensa
in modo che quell'energia possa sprigionarsi.
Fa' semplicemente un po' di jogging
e sentirai che si è liberata.
Una semplice catarsi di cinque minuti
ti lascerà con la sensazione
di esserti liberato e alleggerito
e quando conoscerai questo trucco
non scaricherai mai più le tue emozioni su qualcun altro,
riconoscerai che si tratta di una cosa del tutto sciocca.

Rabbia e compassione

La rabbia è bella, il sesso è bello.
Ma le cose belle possono diventare orribili,
dipende da te.
Se le condanni, diventano orribili, abnormi;
se le trasformi, diventano divine.
La rabbia trasformata diventa compassione:
infatti l'energia è la stessa.

Un Buddha è compassionevole:
da dove nasce questa compassione?
Questa è la stessa energia
che agiva nella rabbia;
ora non si agita più nella rabbia;
quella stessa energia
è ora trasformata in compassione.
Dove ha origine l'amore?
Un Buddha è amorevole; Gesù è amore.
La stessa energia che si muoveva nel sesso
diventa amore.

Dunque ricorda,
se condanni un fenomeno naturale,
esso diventa velenoso, ti distrugge,
diventa distruttivo e suicida.
Se lo trasformi, diventa divino.
Ma perché lo sia, occorre una trasformazione.

Rabbia, totalità, bellezza

La tua rabbia è parziale, tiepida.
È simile a un cane
che non sa come comportarsi con un estraneo.
Potrebbe essere un amico del padrone, per cui scodinzola;
potrebbe essere un nemico, per cui abbaia.
Fa entrambe le cose contemporaneamente.
Da un lato continua ad abbaiare, dall'altro scodinzola.
Gioca a fare il diplomatico;
in questo modo, qualsiasi situazione risulti vera,
può sentirsi a posto: ha fatto la cosa giusta.
Se il padrone si dimostra amichevole, smetterà di abbaiare
e tutta la sua energia andrà nello scodinzolare.
Se il padrone andrà in collera con l'intruso,
allora smetterà di scodinzolare
e tutta la sua energia andrà nell'abbaiare.
Anche la tua rabbia è così.
Ribolli solo fino a un certo punto,
valuti fino a che punto valga la pena esplodere:
non superi mai quel limite,
non provochi l'altro più di tanto.
Una rabbia allo stato puro ha una sua bellezza
perché è totale.

È ciò che accadde a Gesù
quando arrivò al Tempio e vide al suo interno
i cambiavalute e i loro tavoli: era furibondo.
Andò in collera,
quella collera
che scaturisce dalla compassione e dall'amore.
Con una mano sola,
scaraventò quelle persone fuori dal Tempio

e ribaltò i loro tavoli.
Doveva essere veramente in collera:
scaraventare fuori dal Tempio
tutta quella gente con una sola mano, non è cosa facile!
Doveva essere rabbia allo stato puro!
Gli indiani sono irritati da quel comportamento:
non possono credere che Gesù sia illuminato,
solo a causa di questo episodio.
La gente ha i propri pregiudizi, le proprie idee.
Anziché vedere nella realtà delle cose,
anziché guardare in un illuminato,
si presenta armata di un'infinità di preconcetti
e se vede che qualcuno non si adegua a ciò che pensa,
non lo ritiene un illuminato.
E lasciamelo dire·
nessun illuminato corrisponderà mai
ai tuoi pregiudizi per nulla illuminati,
è impossibile!

Rabbia e tristezza sono la stessa cosa

La tristezza è rabbia passiva e la rabbia è tristezza attiva.
Poiché la tristezza affiora con facilità,
la rabbia sembra qualcosa di difficile;
ma è così,
solo perché sei troppo sintonizzato con la parte passiva.
Per una persona triste è difficile andare in collera,
se riesci a far arrabbiare una persona triste,
tutta la sua tristezza scomparirà immediatamente.
Una persona rabbiosa troverà molto difficile essere triste:
se riesci a renderla triste,
tutta la sua rabbia scomparirà immediatamente.

In tutte le nostre emozioni la polarità di fondo permane:
uomo e donna, yin e yang, maschile e femminile.
La rabbia è maschile, la tristezza è femminile.
Pertanto, se sei in sintonia con la tristezza,
ti sarà difficile spostarti verso la rabbia,
ma vorrei che tu lo facessi.
Il suo semplice esplodere all'interno
non sarà di grande aiuto,
perché di nuovo cercherai un modo per essere passivo.
No, ti consiglio di lasciarla uscire, di scatenarla all'esterno.
Anche se sembra qualcosa di assurdo, fallo comunque!
Sii un buffone ai tuoi stessi occhi,
ma lascia affiorare all'esterno ciò che rumini dentro di te.

Fluire tra rabbia e tristezza

Se riesci a fluire tra la rabbia e la tristezza,
diventeranno entrambe estremamente facili.
In questo caso sperimenterai una trascendenza
e a quel punto sarai in grado di osservare
come un testimone imparziale.
Potrai stare dietro lo schermo e osservare questi giochi,
e a quel punto potrai andare al di là di entrambi.
Ma come prima cosa
dovrai imparare a muoverti con facilità
tra queste due cose,
altrimenti avrai la tendenza a essere triste
e quando qualcosa grava tanto dentro di te,
è difficile qualsiasi trascendenza.

Ricorda:
quando due energie, due energie opposte,

sono del tutto simili,
sono in gioco al cinquanta per cento ciascuna,
diventa facile uscirne, poiché saranno in lotta
e si annulleranno a vicenda
e tu non sarai preso nella morsa di nessuna delle due.
Se in te ci sono
il cinquanta per cento di rabbia e
il cinquanta per cento di tristezza,
esse si equilibrano e dunque si annullano a vicenda.
All'improvviso sei libero
e puoi scivolare fuori da entrambe.
Se però in te ci sono il settanta per cento di tristezza e
il trenta per cento di rabbia,
allora diventa estremamente difficile uscirne.
Quel trenta per cento di rabbia
è in conflitto con il settanta per cento di tristezza,
il che vuol dire che esiste ancora
un trenta per cento di tristezza
che renderà impossibile un equilibrio:
non ti sarà facile scivolarne fuori,
quel trenta per cento graverà su di te.

Dunque, questa è una delle leggi fondamentali
delle energie interiori:
lascia sempre che le polarità opposte
giungano a equilibrarsi,
in questo caso sarai in grado di scivolare fuori da entrambe.
È come se due persone stessero lottando
e tu riesci a scappare da entrambe:
sono così impegnate tra di loro
che non ti devi preoccupare di difenderti,
puoi scappare via!

Non chiamare in causa la mente.
Fanne un semplice esercizio,
puoi farne un esercizio quotidiano.

Sii amico di ciò che senti

Qualsiasi sia la situazione,
le cose stanno così come stanno!
Accettalo e lascia che affiori ciò che è,
lascia che si presenti di fronte a te.
Infatti, il semplice dire: «Non reprimere»
non è sufficiente.
Se me lo permetti, vorrei dire: «Sii amico di ciò che senti».
Ti senti triste? Sii amico di quello stato d'animo.
Prova compassione per ciò che senti.
Anche la tristezza ha un proprio essere.
Dalle spazio, abbracciala, siediti al suo fianco,
tienila per mano.
Sii amico, sii innamorato...
la tristezza è qualcosa di meraviglioso!
Non c'è nulla di male in essa.
Chi ti ha detto che è un male sentirsi tristi?
In realtà, solo la tristezza ti dà profondità.
La risata è qualcosa di superficiale,
la felicità è qualcosa di epidermico,
la tristezza raggiunge le tue ossa, il tuo midollo.
Nulla va in profondità come la tristezza.
Dunque, non ti preoccupare.
Resta in contatto con la tristezza:
ti porterà a toccare la tua essenza più intima.
La puoi cavalcare
e arriverai a conoscere alcune cose nuove del tuo essere

che non hai mai conosciuto in passato.
Quelle cose ti possono essere rivelate
solo quando sei in uno stato d'animo triste
non ti potranno mai essere rivelate
quando sei in uno stato di felicità.
Anche l'oscurità è ottima,
anche l'oscurità è divina.
A Dio non appartiene solo il giorno,
anche la notte gli appartiene.

Ebbene, io definisco religiosa questa attitudine
di accettazione totale.

Qualcosa di profondo

Lasciare ogni cosa
e sedersi semplicemente sotto un albero, sentendosi felici
non è difficile:
chiunque si sentirebbe così.
Senza nulla da fare, si può essere distaccati;
quando hai tutto da fare, ti attacchi al fare.
Ma quando fai tutto ciò che devi fare e resti distaccato,
quando ti muovi in una folla, nel mondo
eppure sei solo, allora sta accadendo qualcosa di reale.

Non ha importanza se non provi alcuna rabbia
quando sei solo.
Quando sei solo, non proverai alcuna rabbia
perché la rabbia richiede una relazione,
richiede qualcuno con cui essere arrabbiato.
Dunque, se non sei matto, quando sei solo
non proverai alcuna rabbia:

sarà presente dentro di te,
ma non troverà un modo per uscire.

Quando l'altro è presente, e tu non sei arrabbiato...
questo ha valore!
Se non hai soldi, averi, una casa e non provi attaccamento,
potrà mai essere qualcosa di difficile?
Ma quando possiedi ogni cosa e resti distaccato:
un mendicante in un palazzo reale,
allora hai conseguito qualcosa di estremamente profondo.

Nel mondo ma non del mondo

Se vai sull'Himalaya e sei distaccato,
sarai simile a una singola nota musicale
suonata all'infinito;
se vivi nel mondo e provi attaccamento,
di nuovo sarai solo una singola nota musicale.
Ma quando sei nel mondo e al tempo stesso ne sei al di là,
se ti porterai sempre dietro il tuo Himalaya nel cuore,
sarai un'armonia, non un'unica nota.

Allora accadrà un accordo,
qualcosa che includerà tutte le note discordanti,
una sintesi degli opposti,
un ponte tra due rive.

E l'Assoluto, la vetta più elevata
è possibile solo quando la vita
è al massimo della sua complessità:
solo nella complessità la vetta suprema accade.

L'unico ostacolo

L'unico problema con la tristezza,
la disperazione, la rabbia, l'impotenza,
l'ansia, l'angoscia, l'infelicità
è questo: tu te ne vuoi liberare!
Questo è l'unico ostacolo.
Ebbene, dovrai convivere con queste cose:
non le puoi semplicemente sfuggire.
Tutti questi stati d'animo sono l'esatta situazione
in cui la vita deve integrarsi e crescere:
queste sono le sfide della vita. Accettale!
Sono benedizioni camuffate da disgrazie:
se le vuoi sfuggire, se tenti in qualche modo di liberartene,
allora nasceranno dei problemi,
infatti, se ti vuoi liberare da qualcosa,
non lo guarderai mai direttamente in faccia,
non ti confronterai mai direttamente con quella cosa.

La condanna e il biasimo

Una stellina di Broadway era in visita da alcuni amici e, chiacchierando, il discorso andò, come al solito sulla psichiatria. «Devo proprio dire» cinguettò la padrona di casa «che il mio analista è il migliore del mondo! Non riusciresti neppure a immaginare ciò che ha fatto per me. Dovresti provarlo.»

«Ma io non ho bisogno di alcuna analisi» replicò la stellina «non potrei essere più normale di come sono. In me non c'è proprio nulla che non vada!»

«Ma quell'uomo è veramente incredibile» insistette l'amica «di certo troverà qualcosa che non va!»

Ci sono persone che vivono su questo: trovano sempre qualcosa che non va in te. Il segreto dei loro affari è solo questo: trovare qualcosa che non vada in te. Non ti possono accettare così come sei: ti daranno degli ideali, delle idee, delle ideologie, e ti faranno sentire in colpa, ti faranno sentire indegno, sporco. Ti faranno sentire così condannato e biasimato ai tuoi stessi occhi che dimenticherai completamente qualsiasi idea di libertà.

Anzi, la libertà ti spaventerà, ne avrai paura, poiché vedrai quanto sei cattivo, malvagio e sbagliato: se fossi libero, faresti inevitabilmente qualcosa di sbagliato, dunque è meglio per te seguire qualcuno.

Il prete dipende da questa dinamica, così come il politico. Costoro ti forniscono idee fisse su che cosa sia giusto e che cosa sbagliato, e alla fine tu rimarrai sempre preda di un profondo senso di colpa.

La chiave universale

Ebbene, io ti dico che non esiste nulla di giusto
e nulla di sbagliato.
Se sei in collera, il prete dirà che la collera è un male,
è qualcosa di sbagliato.
Non devi essere in collera. Dunque, che cosa farai?
Puoi reprimere la tua rabbia, ti ci puoi sedere sopra,
la puoi ingoiare,
letteralmente, ma in questo modo entrerà in te,
nel tuo organismo.
Ingoia rabbia e avrai ulcere allo stomaco,
ingoia rabbia e prima o poi ti verrà un cancro.
Ingoia rabbia
e in te affioreranno inevitabilmente mille e un problema,

poiché la rabbia è velenosa, è un veleno!
Ma che cosa ci potrai fare? Se la rabbia è qualcosa di male,
dovrai ingoiarla.

No, io non dico che la rabbia è qualcosa di sbagliato.
Io affermo che la rabbia è energia:
energia pura, energia meravigliosa.
Quando in te affiora rabbia, siine consapevole,
e osserva il miracolo che accade.
Quando la rabbia affiora, siine consapevole,
e se ne sarai consapevole rimarrai sorpreso,
ti aspetta una sorpresa stupefacente,
forse la più grande della tua vita:
diventandone consapevole, la rabbia scompare.
La rabbia viene trasformata,
diventa energia pura, diventa compassione,
diventa perdono, diventa amore.
E tu non hai alcun bisogno di reprimerla,
dunque non sei appesantito da un veleno.
Inoltre, non sei affatto andato in collera,
per cui non hai ferito nessun altro.
Entrambi siete salvi: l'altro,
l'oggetto della tua rabbia, è salvo
e lo sei anche tu.
In precedenza, o soffriva l'oggetto della tua collera,
oppure soffrivi tu.
Voglio dirti che non è affatto necessario
che qualcuno soffra:
sii semplicemente consapevole,
lascia che sia presente la consapevolezza.
La rabbia affiorerà
e verrà consumata dalla consapevolezza.
Se la consapevolezza è presente,

non è possibile essere in collera,
non è possibile essere avidi,
non è possibile essere gelosi.

La consapevolezza è la chiave universale per eccellenza.

Dove sono le radici?

Cerca di comprendere perché accade,
da dove sorge, dove si trovano le radici della rabbia,
come accade, come opera, come funziona,
perché prende il sopravvento su di te,
come mai quando la rabbia esplode, impazzisci.
In passato quella rabbia è esplosa,
sta esplodendo ora, esploderà ancora,
ma adesso aggiungi a quell'esplosione un nuovo elemento:
l'elemento della comprensione,
e a quel punto la qualità cambierà.

Poi, piano piano,
vedrai che più comprenderai quella rabbia,
meno accadrà.
E quando la comprensione sarà totale, assoluta,
la rabbia scomparirà.
La comprensione è simile a un'ebollizione,
quando l'ebollizione
raggiunge un punto preciso, i cento gradi,
l'acqua evapora.
Scompare.

Il bene e il male

Si dice che la rabbia sia cattiva, un male.
Tutti te lo hanno detto: «La rabbia è cattiva, è un male»,
ma nessuno ti ha insegnato come fare
per sapere che cosa sia la rabbia.

Tutti dicono che il sesso è un male, qualcosa di cattivo.
Tutti te lo hanno insegnato,
detto e ripetuto: «Il sesso è male»
e nessuno ti ha detto che cos'è il sesso
e come fare per conoscerlo.
Chiedilo a tuo padre, e si sentirà a disagio.
Dirà: «Non parlare di cose tanto sporche!».
Ma queste cose sporche sono fatti.
Neppure tuo padre li ha potuti evitare,
altrimenti tu non saresti nato.
Tu sei un fatto nudo e crudo!
E non importa ciò che tuo padre dice del sesso,
in realtà non ha potuto evitarlo.
Tuttavia si sentirà a disagio,
se gli chiederai qualcosa in merito,
poiché nessuno gliene ha mai parlato:
i suoi genitori non gli hanno mai detto
come mai il sesso è male.
Come mai? E come fare per conoscerlo?
E come fare per scendere in profondità nel sesso?
Nessuno ti dirà mai queste cose,
tutti continueranno a etichettarle
come cose cattive, malvagie...
mentre altre sono cose buone.
Sono queste etichette che creano infelicità
e riducono la tua vita a un inferno.

Dunque ricorda che per un ricercatore,
per un vero ricercatore,
questa è la cosa fondamentale da comprendere:
resta legato ai tuoi fatti, cerca di conoscerli.
Non permettere mai che la società
ti imponga a forza la sua ideologia.
Non guardare mai te stesso attraverso gli occhi degli altri.
Tu hai i tuoi occhi, non sei cieco.
E possiedi i fatti della tua vita interiore.
Usa i tuoi occhi! Questa è riflessione:
e se sarai tu a riflettere, nessuno stato d'animo
sarà più un problema.

Senza pregiudizi

Entra in te stesso senza alcun pregiudizio,
senza alcun presupposto o idea a priori
e osserva che cos'è la rabbia.
Lascia che la tua rabbia ti riveli che cos'è la rabbia.
Non imporle i tuoi presupposti.
E il giorno stesso in cui scoprirai la rabbia
in tutta la sua assoluta nudità,
nella sua totale e assoluta ripugnanza,
nel suo fuoco divampante, nella sua follia omicida,
all'improvviso scoprirai di esserne uscito.
La rabbia è svanita!
Qualsiasi tendenza può essere trattata nello stesso modo,
non importa di quale tendenza si tratti.
Il processo è lo stesso,
poiché la malattia è la stessa, cambiano solo i nomi.

Un modo per nascondere la paura?

Come mai la gente va in collera con te?
Di fatto non è in collera con te, ha paura di te
e per nascondere quella paura,
le persone devono per forza proiettare rabbia.
La rabbia serve sempre a nascondere la paura.
La gente usa ogni sorta di strategie.
Ci sono persone che rideranno
solo per riuscire a fermare le lacrime.
Nella risata loro si dimenticano, tu ti dimentichi...
e in questo modo le lacrime possono restare nascoste.

Nella rabbia, la paura dell'altro resta nascosta.

Un velo dietro cui nasconderti

Io voglio semplicemente aiutarti ad aprirti a tutte le dimensioni, anche se tu senti che questo andrà contro tutte le idee che hai accumulato finora. Anche in questo caso, anzi ancora di più: se resterai aperto a queste dimensioni, sarà un'occasione, un'opportunità per giudicare se ciò che hai sempre pensato, di qualsiasi cosa si tratti, è giusta oppure no.

Nel momento in cui ti confronti con qualcosa di contrario alle tue idee, ai tuoi pensieri, a ciò che finora hai pensato essere razionale, è un momento prezioso. Ma se quelle cose sono veramente razionali, di che cosa hai paura?

È la paura che tiene la gente chiusa in se stessa. Certe persone non ti possono sentire, hanno paura di ascoltare! E di fatto la loro rabbia non è altro che paura ribaltata: solo una persona piena di paura si arrabbia facilmente.

Se non andasse in collera, potresti vedere la sua paura: la rabbia è una copertura. Andando in collera, tenta di spaventarti: prima che tu possa renderti conto della sua paura, cerca di spaventarti. Non vedi la semplice psicologia di questa dinamica? Quella persona non vuole sapere di aver paura e il solo modo per evitarlo è spaventare te, in questo caso si tranquillizzerà. Sei tu ad avere paura, non lei, e in un uomo che ha paura non c'è nulla da temere!

La rabbia di persone simili è uno sforzo per ingannare se stesse, non ha nulla a che vedere con te. In ogni caso, la rabbia rivela sempre una paura.

Ricordalo: la rabbia è paura ritta sulla sua testa. È sempre la paura che si nasconde dietro la rabbia; è l'altro volto della rabbia. Ogni volta che hai paura, il solo modo per nasconderlo è essere arrabbiato, altrimenti la paura ti metterà a nudo. La rabbia creerà un velo intorno a te dietro cui potrai nasconderti.

Parte terza
LA GELOSIA

Il confronto è un'attitudine sciocca
visto che ogni persona è unica e incomparabile.
Quando questa comprensione sedimenta dentro di te,
la gelosia scompare.
Ogni essere umano è unico e incomparabile.
Tu sei semplicemente te stesso:
nessuno è mai stato
simile a te,
e nessuno potrà mai esserlo.
E non occorre neppure che tu assomigli a qualcun altro,
chiunque esso sia.

Dio crea solo originali, non crede nelle imitazioni!

L'abitudine a fare confronti

Che cos'è la gelosia?
E come mai fa tanto male?

La gelosia è confronto. E ci è stato insegnato a fare confronti, è un condizionamento profondo, per cui viviamo in un perenne confronto. Qualcuno ha una casa migliore della nostra, qualcun altro ha un corpo migliore, oppure ha più soldi, oppure una personalità più carismatica.

Se continui a fare confronti, se continui a paragonarti con chiunque ti passi vicino, l'unico frutto inevitabile sarà una gelosia smisurata: è una conseguenza del condizionamento a fare confronti che ci è stato imposto.

Viceversa, se abbandoni ogni confronto, la gelosia scompare. In questo caso, sai semplicemente chi sei, e non sei nessun altro se non te stesso, né occorre che tu sia diverso da ciò che sei. È un bene che tu non ti paragoni agli alberi, altrimenti verresti roso dalla gelosia: perché non sei verde? E come mai Dio è stato così severo con te da non darti alcun fiore?

È un bene che non ti paragoni agli uccelli, ai fiumi, alle montagne, altrimenti soffriresti immensamente.

Ti limiti a paragonarti agli esseri umani, poiché sei stato condizionato a fare solo questo tipo di confronto; non ti paragoni ai pavoni e ai pappagalli... altrimenti la tua gelosia ingigantirebbe a dismisura: ne saresti così gravato da non riuscire affatto a vivere!

Come trasformare il sesso in amore

Il sesso crea gelosia, ma questa è una cosa secondaria.
Dunque l'interrogativo fondamentale
non è come lasciar cadere la gelosia,
non lo puoi fare perché non puoi abbandonare il sesso.
La domanda vera è questa:
«Come trasformare il sesso in amore?»
perché in questo caso la gelosia scompare.
Se ami una persona,

l'amore stesso è una garanzia sufficiente,
l'amore in sé è una sicurezza sufficiente.
Se ami una persona,
sai che non può andare altrove, da qualcun altro.
E se lo fa, non ci si può fare nulla: accade.
Che cosa ci puoi fare?
Potresti uccidere quella persona,
ma un cadavere non sarebbe di alcuna utilità.
Quando ami una persona
ti fidi che non vada con qualcun altro.
Se lo fa, significa che non c'è amore,
per cui non puoi farci niente.
L'amore fa affiorare questa comprensione
e non vi è alcuna gelosia.
Dunque, se la gelosia è presente,
sappi che non vi è alcun amore.
Stai recitando una parte, è un gioco:
stai nascondendo il sesso dietro alla parola amore.
L'amore è solo una parola dipinta sulla facciata,
la realtà è il sesso.

Il confronto

La società ha sfruttato l'individuo in un'infinità di modi,
è impossibile credere fino a che punto si sia spinta.
Ha creato stratagemmi così sottili e così astuti
che spesso è addirittura impossibile portarli alla luce,
non ce ne si rende conto.
Questi stratagemmi servono a sfruttare l'individuo,
a distruggere la sua integrità, a sottrargli tutto ciò che ha
in termini di energia vitale, potenzialità, creatività,
senza neppure far sorgere in lui il sospetto

o addirittura il dubbio
che qualcosa di nefasto gli stia accadendo:
non si rende neppure conto di ciò che gli viene fatto!

La gelosia è uno degli stratagemmi più potenti.
Fin dall'infanzia
ogni società, ogni cultura, ogni religione
insegna a chiunque
il confronto.

Uno stratagemma potente

La gelosia è uno stratagemma incredibilmente potente.
Osservalo da vicino: che cosa significa?
Gelosia significa vivere nel confronto.
Qualcuno è più in alto di te, qualcuno è più in basso:
tu vivi continuamente
su un gradino intermedio di una scala
e forse quella scala è un cerchio,
visto che nessuno sembra averne mai scoperta la cima.
Tutti sono bloccati da qualche parte nel mezzo,
ognuno di voi si trova nel mezzo:
la scala sembra essere piuttosto una ruota.

Qualcuno è più in alto di te, la cosa ti ferisce.
Quella constatazione ti spinge a lottare, a combattere,
ad agire usando qualsiasi mezzo a tua disposizione,
giusto o sbagliato che sia;
visto che, se riesci ad avere successo,
nessuno si preoccupa di sapere
se il tuo successo è stato ottenuto
con mezzi leciti o illeciti.

Il successo dimostra che sei nel giusto,
il fallimento è la prova che sbagliavi.
Tutto ciò che conta è il successo,
dunque qualsiasi mezzo sarà utile allo scopo.
Il fine giustifica i mezzi!
Dunque non ti devi preoccupare dei mezzi che usi...
e nessuno se ne preoccupa.
Ciò che conta è come salire più in alto, su quella scala,
anche se non arriverai mai alla cima.
D'altra parte, chiunque si trovi più in alto di te,
scatena la tua gelosia:
rivela di avere avuto successo,
mentre tu hai fallito.

Impara a osservare

Sono le conclusioni a priori
che fanno di voi dei credenti,
non la ricerca scientifica.
Ebbene, quando vi dico di meditare su qualcosa,
intendo dire: osservate!
Devi essere uno scienziato del tuo mondo interiore.
Lascia che la tua mente sia un laboratorio,
e tu sii un semplice osservatore;
senza condannare, ricordalo.

Non dire: «La gelosia è qualcosa di male»
chi può dirlo?
Non dire: «La rabbia è qualcosa di cattivo»
chi può dirlo?
Certo, l'hai sentito dire, ti è stato detto,
ma questo è ciò che dicono gli altri,

non è la tua esperienza diretta.
Tu devi essere estremamente essenziale,
sperimentare in prima persona:
se il tuo esperimento non dimostra qualcosa,
non lo devi affermare o negare,
di qualsiasi cosa si tratti.

Devi essere assolutamente privo di giudizio:
non giudicare nulla di ciò che si muove dentro di te!
In questo caso,
osservare la gelosia, la rabbia o il sesso
è un vero e proprio miracolo.

Vedere in profondità

Che cosa accade quando osservi
libero da qualsiasi giudizio?
Inizi a vedere in profondità, strato dopo strato,
la gelosia diventa trasparente:
ne vedi la stupidità,
ne vedi la follia, l'idiozia.
Non lo riconosci perché hai stabilito a priori
che si tratta di qualcosa di stupido:
se l'hai fatto, ti sfuggirà il senso della tua esperienza.
Ricorda: non sto dicendo che devi stabilire a priori
che la gelosia è stupida, sarebbe una sciocchezza.
Se lo decidi senza vederlo,
ti sfuggirà la verità della tua esperienza.
Immergiti semplicemente nell'osservazione
senza stabilire nulla:
vedi con precisione di che cosa si tratta.
Che cos'è la gelosia?

Che cosa è questa energia chiamata gelosia?
Osservala come osservi una rosa:
scruta semplicemente al suo interno.
Quando non sussiste alcuna conclusione,
i tuoi occhi sono limpidi;
solo coloro che non traggono alcuna conclusione a priori,
realizzano la chiarezza.
Osserva, guarda al suo interno, e diverrà trasparente.
Allora arriverai a conoscere
che si tratta di qualcosa di stupido.
E riconoscendone la stupidità, cade da sola,
spontaneamente.
Non occorre che tu faccia qualcosa per allontanarla da te.

Che cosa provi realmente?

Non riesci neppure a vedere l'altro in felice compagnia
per un minuto
e pensi di poter morire per lui?

Prova semplicemente a vedere
che cosa provi realmente per l'altro...
e ogni gelosia scomparirà.

Nella maggior parte dei casi,
con la gelosia scomparirà anche l'amore.
Ma è un bene: infatti, che senso ha
avere un amore così carico di gelosia,
cosa che amore non è?

Se la gelosia scompare
e l'amore resta comunque,

allora puoi essere certo
di avere qualcosa nella tua vita
per cui valga la pena di vivere.

Ignoranza psicologica

La gelosia è una delle sfere più ampie
di ignoranza psicologica di sé,
degli altri e soprattutto delle relazioni.

La gente crede di sapere che cosa sia l'amore: non lo sa!
E il loro malinteso rispetto all'amore
crea gelosia.
Con "amore" la gente intende un certo tipo di monopolio,
una sorta di possessività,
ma non comprende un semplice fatto della vita:
nel momento in cui possiedi qualcuno, un essere vivente,
lo hai ucciso.

La vita non può essere posseduta.
Non la puoi trattenere in un pugno:
se la vuoi avere,
devi tenere aperte le tue mani.

Che cosa ti rende geloso?

La gelosia in sé non è la radice.
Ami una donna, ami un uomo;
solo per paura vuoi possedere quella donna, quell'uomo,
temi che, forse, un domani, vada con qualcun altro.
La paura del domani distrugge il tuo oggi,

e si tratta di un circolo vizioso.
Se ogni giorno viene distrutto
a causa della paura del domani,
prima o poi quell'uomo,
inevitabilmente, cercherà un'altra donna,
poiché tu sarai solo un fastidio.
E quando comincerà a cercare un'altra donna,
oppure si accompagnerà con un'altra donna,
tu penserai che la tua gelosia ha avuto una conferma.
In realtà, è stata la tua gelosia a creare tutto ciò!
Ricorda una cosa fondamentale:
non preoccuparti del domani, l'oggi basta e avanza.
Qualcuno ti ama...
lascia che questo sia un giorno di gioia,
un giorno di celebrazione.
Sii così totalmente in amore oggi,
al punto che la tua totalità e il tuo amore
siano sufficienti affinché l'uomo che sta con te
non si allontani.
La tua gelosia lo spingerà ad allontanarsi:
solo il tuo amore può spingerlo a stare con te.
La sua gelosia ti spingerà ad allontanarti,
il suo amore può tenerti vicino a lui.
Non pensare al domani.
Nel momento in cui ci pensi,
vivrai l'oggi in modo parziale, tiepido.
Limitati a vivere il presente e lascia perdere il domani,
il domani si prenderà cura di se stesso.
E ricorda:
se l'oggi è stato un'esperienza incredibilmente bella,
una beatitudine squisita,
da questo oggi nascerà il domani,
perché dunque preoccuparsene?

Se un giorno, l'uomo che hai amato,
la donna che hai amato,
trovasse qualcun altro...
è semplicemente umano essere felici,
il fatto che la tua donna sia felice con qualcun altro
non fa alcuna differenza:
che cosa importa se è felice con te o con qualcun altro?
Ciò che importa è che sia felice!
E se l'ami così tanto,
come potrai mai distruggere la sua felicità?
Un amore vero sarà sempre felice
se vedrà che il suo partner è felice con qualcun altro.
E questo può essere il risultato:
se una donna è con un altro uomo
e tu sei comunque felice
e sei comunque grato nei suoi confronti,
e se comunque dici a quella donna:
«Sei assolutamente libera,
sii semplicemente felice, totalmente felice,
questa è la mia felicità!»
ebbene, ho la sensazione che quella donna
non potrà stare lontana a lungo,
ben presto tornerà da te.

Non lottare contro l'oscurità

Questo è un problema universale:
non può essere risolto, può solo essere trasceso.
La gente ha tentato di risolverlo
e ha creato un'infinità di altri problemi,
nel mondo, da sempre, non si è fatto altro.
Questi problemi: la gelosia, la possessività e via dicendo

in realtà non sono problemi ma sintomi,
sintomi che rivelano un'unica cosa:
ancora non sai che cosa sia l'amore.
Noi diamo per scontato di sapere che cosa sia l'amore,
ma poi ecco che nasce il problema della gelosia.
La cosa non è come sembra:
questo problema sorge
perché ancora non è presente l'amore,
la gelosia rivela soltanto che l'amore non è ancora giunto,
dimostra semplicemente l'assenza dell'amore.
Dunque, non è un problema che si possa risolvere.

Tutto ciò che occorre fare è dimenticarsi della gelosia,
poiché si tratta di una lotta in negativo.
È come lottare contro l'oscurità. Non ha senso.
Piuttosto accendi una candela!
E l'amore è questo.
Una volta che l'amore inizia a scorrere,
la gelosia, la possessività e via dicendo
diventano semplicemente inconsistenti, non esistono più.
Resti stupito, ti chiedi dove siano andate,
non riesci più a trovarle.
Accade la stessa cosa quando accendi una candela:
continui a cercare l'oscurità,
giri in tutta la stanza e non la trovi.
Eppure l'hai cercata alla luce di quella candela,
ma non la trovi:
non riesci a trovarla, perché con quella luce
l'oscurità non esiste più;
era semplicemente un'assenza di luce.

La gelosia è assenza d'amore.

Il mio approccio è questo:
non preoccuparti della gelosia
altrimenti cadrai in una trappola senza via d'uscita.
Dimenticatene completamente!
È solo un sintomo, indica semplicemente qualcosa,
ed è bene che la indichi:
rivela che l'amore non è ancora accaduto.
È un bene!
Impara qualcosa da tutto questo,
prendine nota e inizia a fare i primi passi nell'amore.
Godi sempre di più l'amore
e vedrai che la gelosia diminuirà.
Deliziati nell'amore sempre di più
e vedrai che la gelosia diminuirà progressivamente.
Lascia che il tuo amore diventi una totalità,
lascia che sia folle,
lascia che abbia un'intensità travolgente
e in quell'intensità
la gelosia verrà completamente assorbita.

Un vero amante non ha mai conosciuto la gelosia,
non sa che cosa sia.
Dunque,
non ti dirò di iniziare a fare qualcosa rispetto alla gelosia.
Pensaci, perché rivela semplicemente qualcosa:
qualcosa che doveva accadere ancora non è accaduto.
E metti sempre più energia nell'amore.

Ricorda:
anziché mettere energia nell'analizzare la gelosia
e nel lottare contro di essa,
metti più energia nell'amore.
Altrimenti verrai distratto:

inizierai a seguire la gelosia,
e si tratta di un deserto sconfinato,
non ne raggiungerai mai la fine.

Ecco dove si arena tutta la psicanalisi:
assume i sintomi come problemi
e poi inizia a scrutare a fondo in quei sintomi,
li analizza fino alle estreme conseguenze.
Ma puoi continuare a pelare quella cipolla,
non finirai mai, a uno strato ne seguirà un altro
e poi un altro ancora, all'infinito...

Hai mai incontrato una persona
che sia stata veramente psicanalizzata fino in fondo?
Non ne esiste una, sulla faccia della Terra
non c'è una sola persona
la cui analisi sia stata completata. Non è possibile!
Anno dopo anno, si va dallo psicanalista,
e si trova sempre qualcos'altro da esplorare.
È una rotta futile, non porta da nessuna parte
anzi tende a fuorviare...
va' nell'amore senza distrarti!
Questo è il mio suggerimento:
rendi l'amore una celebrazione che ti coinvolge totalmente

Riversa nell'amore tutta la tua energia,
senza pensare minimamente al futuro.
Mentre sei innamorato di qualcuno, non trattenerti.
Se ti trattieni,
in quello stesso istante diventerà gelosia.
Se ti immergi totalmente nell'amore,
se quando fai l'amore sei totale, se non trattieni nulla,
se ti perdi totalmente nell'amore,

se tutto il tuo corpo e il tuo essere diventano orgasmici;
se nel fare l'amore diventi selvaggio o selvaggia,
se urli e canti e piangi e singhiozzi e ridi
e se fai tutte queste cose contemporaneamente,
da quell'atto sentirai affiorare una tale pace
che nulla potrà più distrarti, nulla potrà disturbarti.

Rendi l'amore una festa
e tutte quelle emozioni negative scompariranno.

Il possesso

La gelosia non ha nulla a che fare con l'amore.
Di fatto, anche il vostro cosiddetto amore
non ha nulla a che vedere con l'amore.
Queste sono solo belle parole
che si usano senza conoscerne il significato,
senza sperimentare mai ciò che significano.
Voi tutti continuate a usare la parola "amore":
la usate così tanto da aver dimenticato
che ancora non lo avete sperimentato.
Questo è il pericolo nell'usare parole così belle:
"Dio", "amore", "preghiera"... tutte parole meravigliose.
Voi continuate a usarle, le ripetete
e piano piano, proprio quel ripeterle,
vi dà la sensazione di conoscerle.

Che cosa sai dell'amore? Se sapessi qualcosa dell'amore
non ti porresti domande sulla gelosia.
Infatti la gelosia non è mai presente là dove esiste l'amore.
E se è presente la gelosia, l'amore non è affatto presente.
La gelosia non è parte dell'amore,

è parte della possessività
e la possessività non ha nulla a che vedere con l'amore.
Tu vuoi possedere.
Attraverso il possesso ti senti più forte:
il tuo territorio si allarga.
E se qualcun altro tenta di invadere il tuo territorio,
vai in collera.
Oppure, se qualcun altro ha una casa più grande,
diventi geloso.
Oppure, se qualcun altro tenta di sottrarti ciò che possiedi,
diventi geloso e ti arrabbi.

Se ami, la gelosia non può esistere...
è qualcosa di assolutamente impossibile.

Tu non lo sai!

Tu dici:
«*Hai parlato molte volte della bruttezza della gelosia
e lo riconosco: è qualcosa di brutto.*»

Ebbene, io ti dico che non lo sai:
non fai che ripetere ciò che ti è stato detto,
se sapessi che è qualcosa di brutto, di orribile,
proprio conoscendolo, scomparirebbe.

Tu non lo sai!
Hai ascoltato me, hai ascoltato Gesù,
hai ascoltato il Buddha e hai accumulato delle opinioni.
Tu non lo sai!
No, non è una tua percezione cosciente
l'idea che la gelosia sia qualcosa di brutto.

Se lo fosse perché dovresti tirartela dietro?
Non è qualcosa di semplice,
richiede un investimento enorme...

L'amore deve essere liberato

La gelosia è simile a una roccia, è molto rozza, primitiva.
La possessività è simile a una pietra: veleno puro!
L'amore ne è distrutto, schiacciato, annientato, sconvolto.
E questi mostri dominano la gente:
l'amore deve essere liberato da questi mostri
e il solo modo per farlo
è strappare alla radice la causa scatenante.

Limitati semplicemente a dare

Se riesci a distruggere la gelosia, uccidila...
e vedrai affiorare in te energie incredibilmente belle.
L'amore diventa qualcosa di estremamente facile
se riesci a distruggere la gelosia;
in caso contrario, sarà la gelosia a distruggere l'amore.
Se riesci ad annientare l'odio,
all'improvviso avrai in te così tanto amore
che diverrà incondizionato.
Non ti preoccuperai più di sapere
se l'altro è degno d'amore oppure no.
A chi potrebbe interessare, quando hai così tanto da dare?
Ti limiti semplicemente a dare,
e provi gratitudine
per il fatto che il tuo amore sia accettato.

Una concezione malsana

Nel momento in cui
Adamo ed Eva mangiarono
il frutto dell'albero della conoscenza,
Dio li scacciò dal cielo, dal paradiso.
Temeva infatti che ora
potessero cercare l'altro albero.
E se avessero mangiato i frutti di quest'altro albero
sarebbero diventati immortali,
sarebbero diventati simili a dei.

Ciò significa che Dio provò gelosia.

Mangiando il frutto dell'albero della conoscenza
erano diventati parzialmente dei,
poiché ora conoscevano.
Se non fossero più stati mortali,
non sarebbe più esistita alcuna differenza
tra loro e gli dei:
sarebbero stati onniscienti, Dio è onnisciente;
sarebbero stati immortali, Dio è immortale.

Ebbene, in Dio esplose una forte gelosia,
e fu per gelosia che Dio
scacciò Adamo ed Eva dal paradiso.
Questa concezione di Dio è malsana.

Il vostro volto riflesso in Dio

I vostri dei non possono essere diversi da ciò che voi siete.
Chi li potrà mai creare?
Chi li creerà dando loro una forma,
un colore e una fisionomia?
Voi li create, li scolpite dando loro le vostre sembianze
e menti come le vostre.
Nell'Antico Testamento Dio dice:
"Io sono un Dio molto geloso!".
Ebbene, chi ha creato questo Dio tanto geloso?
Dio non può essere geloso.
E se lo è, che male potrà mai esserci nella gelosia?
Se anche Dio è geloso, perché si dovrebbe pensare
che la gelosia sia qualcosa di sbagliato?
In questo caso la gelosia è qualcosa di divino!

Gelosia, sempre e comunque!

Gelosia significa questo:
qualcun altro possiede più di te.
Ed è impossibile essere il primo in ogni cosa.
Tu potresti avere un'enorme quantità di denaro,
potresti essere l'uomo più ricco del mondo,
ma potresti non avere un volto grazioso,
potresti non essere bello
e un mendicante potrebbe suscitare la tua gelosia:
il suo corpo, il suo volto, i suoi occhi
fanno esplodere la tua gelosia.
Un qualsiasi mendicante
susciterà la gelosia di un imperatore.

Che cosa hai imparato?

Per tutta la vita sei stato geloso:
che cosa hai imparato?
Quale insegnamento ne hai tratto?
Se non impari da queste esperienze,
dovrai tornare a ripetere un'altra volta la tua vita.
Impara da tutte le esperienze, piccole o grandi che siano.
Ogni volta che sei preda della gelosia
ti infiammi, il tuo cuore brucia
e tu sai che cosa stai facendo a te stesso.
Sai che tutto ciò è sbagliato,
ma lo sai solo perché gli altri lo dicono.
Non si tratta di una tua comprensione,
non è una tua intuizione.
Lascia che diventi una tua intuizione,
per cui, la prossima volta che sorgerà una situazione
tale da scatenare la tua gelosia,
potrai riderne;
dunque, la prossima volta,
di fronte a quella stessa situazione,
non ti comporterai più
seguendo lo schema di comportamento che ti è abituale,
potrai uscire dai tuoi vecchi modelli esistenziali.

Sulla stessa barca

Praticamente tutte le religioni del mondo
sono sulla stessa barca.
Tutte dicono: «Non dovresti andare in collera».
Ma come si può fare? La rabbia esiste!

Tutte dicono: «Non dovresti essere geloso».
Ma in che modo ci si può liberare dalla gelosia?

Tutte dicono: «Non dovresti essere competitivo».

Si tratta di comandamenti fittizi!
È splendido essere in silenzio,
ma dove trovare la meditazione che ti porta quel silenzio?

«Non dovresti essere geloso»,
ma dov'è la comprensione
che ti porta a riconoscere che la gelosia
non fa altro che arroventare il tuo cuore?
Che non fa male a nessun altro, tranne che a te?

Come puoi liberarti della competizione?

Tutti ti insegnano a non essere competitivo,
d'altra parte, tutti ti dicono: «Sii qualcuno, sii qualcosa!».

Tutti ti offrono un modello ideale:
«Sii un Gesù»,
ma esistono milioni di cristiani,
per cui dovrai competere!

Tutti ti dicono: «Non essere geloso»,
ma tutti spingono a forza la gente verso la gelosia,
legando un uomo a una donna.
Quando l'amore scompare
e la primavera se n'è andata,
ecco che l'uomo inizierà a cercare
scappatoie, vie d'uscita...
e la donna farà altrettanto!

Come mai hai scelto di essere geloso?

Chi ti ha detto di essere geloso
di qualcuno che è più intelligente,
oppure di qualcuno che è più forte,
oppure di qualcuno che è più ricco?
Come mai hai scelto di essere geloso?
La tua gelosia distruggerà la tua energia, inutilmente.
Anziché essere geloso,
scopri che cosa puoi fare con la tua energia,
che cosa puoi creare...

Un continuo spreco...

Ogni cosa possiede energia:
la paura,
la rabbia,
la gelosia,
l'odio.

Ma tu non sei consapevole
del fatto che tutte queste cose
ti portano letteralmente a sprecare la tua vita.

Parte quarta
LA PAURA

Esistono le paure
ed esiste la perenne aspirazione a cercare, a indagare.
E io spero che non siano le tue paure a vincere,
poiché chiunque vive soggiogato dalle paure,
non vive affatto: è già morto.

La paura è parte della morte, non della vita.
Il rischio, l'avventura, addentrarsi nell'ignoto,
ecco che cos'è la vita!

Dunque, cerca di comprendere le tue paure.
E ricorda una cosa: non sostenerle,
sono tue nemiche.
Sostieni l'aspirazione che è ancora viva dentro di te,
rendila una fiamma
tale da poter bruciare tutte quelle paure,
allora potrai incamminarti alla ricerca...

Per paura...

Per paura noi creiamo una divisione tra la vita e la morte. Riteniamo che la vita sia buona e la morte cattiva, che la prima sia da desiderare e la seconda da evitare. Noi crediamo di doverci proteggere, in qualche modo, dalla morte. Questa idea assurda crea nella nostra vita un'angoscia profonda, perché una persona che si protegge dalla morte è incapace di vivere. Quella persona ha paura di espirare, quindi ha paura di inspirare, e di conseguenza è bloccata. Vive trascinandosi; la sua vita non è un fluire, non è più un fiume che scorre.

Se desideri veramente vivere, devi essere pronto a morire.

Ma chi è, dentro di te, a temere la morte? La vita teme la morte? Non è possibile. Come può la vita temere qualcosa che fa parte del suo processo? Qualcos'altro in te la teme: il tuo io.

L'io è contrario sia alla vita sia alla morte, l'io teme sia la vita sia la morte. Teme la vita perché ogni sforzo, ogni passo verso la vita, avvicina la morte. Se vivi, ti avvicini alla morte. L'io teme la morte, quindi ha paura di vivere. L'io si limita a trascinarsi. Molte persone non sono né vive né morte, e questo è il peggio che ti possa capitare.

Ogni volta che ti accade un istante di assoluta vitalità, vedi come, improvvisamente, è presente anche la morte. Accade in amore. Nell'amore la vita raggiunge il suo culmine, per questo la gente ne ha paura. Che cos'è questa paura dell'amore? È l'io... perché quando ami veramente una persona il tuo io inizia a sciogliersi. Non puoi amare se l'io è presente: diventa una barriera, e quando decidi di farla cadere l'io dirà: «Attenzione! Questa può essere una morte».

Ricorda: la morte dell'io non è la tua morte, ma la tua vera possibilità di vita. L'io è solo una crosta dura e priva di vita che ti avvolge: deve essere spezzata e buttata via. Si è formata naturalmente: come un viaggiatore che, nel corso del viaggio, ha raccolto polvere sul suo abito, sul suo corpo, e deve lavarsi per liberarsene.

Man mano che il tempo scorre, la polvere delle esperienze, della cultura, delle vite passate si deposita su di te. Quella polvere diventa il tuo io; si accumula e diventa una crosta attorno a te: deve essere spezzata e buttata via. Ci si deve lavare di continuo, ogni giorno, anzi ogni istante, in modo che non diventi una prigione. L'io ha paura dell'amore, perché con l'amore la vita raggiunge il suo culmine... ma ogni volta che c'è un apice di vita, c'è un apice di morte: le due cose si accompagnano.

Nell'amore, nella meditazione, nella fiducia, ogni volta che la vita diventa totale, è presente la morte. Senza la morte, la vita non può essere totale. Ma l'io pensa sempre in termini di divisione, di dualità; separa ogni cosa L'esistenza è indivisibile, non può essere divisa.

I processi non possono essere distinti. Sai indicare il momento in cui sei nato? Quando veramente la tua esistenza ebbe inizio? La vita inizia quando il neonato comincia a respirare, quando emette il primo vagito? Oppure prima, quando lo spermatozoo penetra l'ovulo? *Quando* esattamente inizia la vita? È un processo senza fine e senza inizio. Non ha inizio.

Quando una persona muore? Quando smette di respirare? Molti yogin hanno dimostrato, su basi scientifiche, di poter fermare il respiro pur restando in vita, e di poter ritornare alla normalità dopo l'esperimento. Quindi, l'arresto del respiro non può essere la fine. Dove termina, allora, la vita? Non termina in alcun luogo e non ha inizio in alcun luogo. Siamo coinvolti nell'eternità.

Siamo esistiti dall'inizio, se mai un inizio c'è stato, e saremo qui fino alla fine, se mai una fine ci sarà. In realtà, non ci può essere alcun inizio e non ci può essere alcuna fine. Noi siamo vita, anche se le forme cambiano, anche se i corpi e le menti sono diversi.

Ciò che noi chiamiamo vita è solo l'identificazione con un certo corpo, con una certa mente, con un certo comportamento, e ciò che noi definiamo morte non è altro che uscire da quella forma, da quel corpo, da quel concetto.

Coloro che hanno rivolto il loro sguardo all'interno, coloro che hanno scoperto chi sono, hanno conosciuto un processo senza fine, eterno.

Che cos'è questa paura?

Esiste soltanto una paura fondamentale;
tutte le altre piccole paure
derivano dall'unica paura
che ogni essere umano porta dentro di sé.

Si ha paura di perdere se stessi.
Può essere nella morte;
può essere in amore,
ma la paura è sempre la stessa:
tu hai paura di perdere te stesso.

E la cosa strana è questa:
solo coloro che non possiedono il proprio sé
hanno paura di perdere se stessi.
Coloro che possiedono se stessi, non hanno alcuna paura.

Dunque, in realtà si tratta di un mettersi a nudo:
non hai nulla da perdere,
credi semplicemente di avere qualcosa da perdere.

Paura della vita

La gente ha paura della vita
e ne ha paura perché
la vita è possibile solo se sei in grado di essere selvaggio:
selvaggio nel tuo amore,
selvaggio nel tuo canto,
selvaggio nella tua danza.

E qui dimora la paura.
Chi ha paura della morte?
No, non ho mai incontrato qualcuno che la temesse;
viceversa, praticamente tutte le persone che ho incontrato
hanno paura della vita.

Lascia cadere questa paura della vita...
infatti, puoi fare solo una delle due cose:
puoi avere paura o puoi vivere, dipende da te.
E che cosa c'è da temere tanto?
Non puoi perdere nulla, non hai nulla da guadagnare.
Abbandona ogni paura e tuffati totalmente nella vita.

A un certo punto, un giorno,
la morte arriverà come un ospite benvenuto,
non come un tuo nemico,
e tu godrai della morte più di quanto abbia goduto la vita,
poiché la morte ha la sua bellezza.
E la morte è qualcosa di molto raro,
accade una volta ogni tanto,
la vita accade ogni giorno!

Sulla soglia dell'ignoto

Non sapere con esattezza di che paura si tratti,
è un tipo di paura ottimo.
Significa che ti trovi sulla soglia dell'ignoto.
Quando la paura ha un qualsiasi oggetto di riferimento
si tratta di una paura comune.
Si ha paura della morte: è una paura comune, istintiva,
non c'è nulla di grandioso in questo, nulla di speciale.
Qualcuno teme la vecchiaia, le malattie, le disgrazie:
si tratta di paure comuni,
varietà coltivate nel proprio giardino.

La paura è speciale
quando non riesci a trovare alcun oggetto cui riferirla,
quando non esiste alcun motivo di avere paura:
in quel caso una persona è realmente terrorizzata.
Se riesci a trovare un motivo, la mente si rilassa.
Se riesci a rispondere al "perché?",
la mente trova una spiegazione a cui aggrapparsi.
Tutte le spiegazioni servono solo a razionalizzare le cose:
non risolvono nulla,
semplicemente, una volta avuta una spiegazione razionale,
ti senti tranquillo.
Ecco perché
la gente continua ad andare dallo psicanalista:
per trovare delle spiegazioni.
Perfino la spiegazione più stupida è meglio di niente:
perlomeno ti puoi aggrappare a qualcosa!

Tu hai paura, non chiederti: «Perché?»...

Paura e senso di colpa

La paura è naturale,
il senso di colpa è una creazione dei preti.
Il senso di colpa è un prodotto dell'uomo.
La paura è qualcosa di innato, ed è essenziale:
senza la paura non saresti in grado di sopravvivere.
La paura è qualcosa di normale.
Grazie alla paura, eviti di mettere una mano sul fuoco.
Grazie alla paura, guidi a destra o a sinistra,
rispettando il codice della strada del Paese in cui ti trovi.
Grazie alla paura, eviti di ingerire veleni.
Grazie alla paura, quando una macchina suona il clacson
fai un balzo e ti sposti dalla strada.
Se un bambino non avesse paura
non avrebbe la benché minima possibilità di sopravvivere.
La sua paura è un mezzo per proteggere la sua vita.
Ma questa tendenza naturale a proteggerti
può diventare eccessiva...
In sé non c'è nulla di male:
hai il diritto di proteggerti, ricordalo.
Hai una vita incredibilmente preziosa da proteggere,
e la paura si limita soltanto ad aiutarti:
la paura è intelligenza.
Solo gli idioti non hanno paura,
gli imbecilli non hanno paura;
per questo devi proteggere quelle persone,
altrimenti rischierebbero di bruciarsi
o salterebbero dal tetto di un edificio,
oppure si tufferebbero in mare, senza saper nuotare...
potrebbero fare qualsiasi cosa!
Ma esiste un'altra possibilità...
La paura può diventare qualcosa di anormale,

può diventare qualcosa di patologico.
In questo caso ti ritrovi ad avere paura
di cose per le quali non c'è nulla da temere,
anche se puoi trovare giustificazioni
perfino per le paure più anormali.
Per esempio, si potrebbe avere paura di entrare in una casa.
Con la logica, non puoi dimostrare che è un errore.
Si potrebbe dire:
«Chi ci garantisce che questa casa non crollerà?»

Qualcun altro potrebbe avere paura di viaggiare in treno:
accadono troppi incidenti ferroviari.
Qualcun altro
potrebbe avere paura di viaggiare in macchina:
accadono troppi incidenti sulle strade.
Qualcun altro potrebbe avere paura di volare...
Se le tue paure prendono queste direzioni,
ti dimostri poco intelligente.
In questo caso, dovresti avere paura anche del tuo letto:
infatti, praticamente il novantasette per cento delle persone
muore nel proprio letto,
dunque, questo è il luogo più pericoloso in cui stare!
Da un punto di vista logico,
dovresti stare il più lontano possibile dal letto,
non ti ci dovresti avvicinare mai...
ma in questo caso, renderesti invivibile la tua stessa vita.

Questa è la paura!

La paura della morte in realtà non è paura di morire:
hai paura di restare insoddisfatto, non realizzato.
Stai per morire

e nella vita non sei riuscito a sperimentare
nulla, nulla di nulla:
nessuna maturità, nessuna crescita, nessuna fioritura.
A mani vuote sei venuto in questo mondo,
a mani vuote te ne stai andando... Questa è la paura!

Quanto sei stato credulone

Una volta cresciuto, da adulto, puoi vedere:
puoi tentare di pelare la cipolla, strato dopo strato.
Quante paure sono state create dentro di te?
Quanto sei stato credulone,
fino a che punto la gente ha sfruttato la tua innocenza!
Il prete non aveva alcuna idea di Dio,
eppure ti ha ingannato e ha finto di conoscerlo.
Non aveva alcuna idea del paradiso e dell'inferno,
eppure ti ha costretto con la forza
ad avere paura dell'inferno
e ad ambire al paradiso.
Ha creato avidità, ha generato paura.
Lui stesso era vittima di altre persone.
Ora puoi guardarti alle spalle:
tuo padre non era consapevole di ciò che ti insegnava,
di ciò che ti diceva.

La paura di sentirsi soli

Nessuno vuole sentirsi solo, abbandonato.
Tutti vogliono appartenere a una folla;
e non a un'unica folla, a molte!
Una persona appartiene a un credo religioso,

a un partito politico, a un club...
esistono un'infinità di piccoli gruppi cui appartenere.

Si desidera essere sostenuti ventiquattr'ore al giorno
poiché ciò che è falso, senza sostegno,
non può stare in piedi.
Nel momento in cui ci si ritrova da soli,
si inizia a percepire una strana follia.
Non è solo una tua paura, è la paura di tutti.
E questo perché nessuno
è ciò che dovrebbe essere,
ciò che l'esistenza ha previsto che fosse.

La società, la cultura, la religione, l'educazione
tutte le istituzioni hanno cospirato
contro l'innocenza dei bambini.
Avevano tutto il potere per farlo
e il bambino è inerme, è dipendente,
ha un bisogno assoluto degli altri;
dunque, riesci a fare di lui, qualsiasi cosa vuoi.

L'intero contesto sociale non permette a nessun bambino
di crescere seguendo il proprio destino naturale.
Si fa ogni sforzo
per trasformare l'essere umano in un oggetto,
in uno strumento, in qualcosa di utile.
Chi può sapere se
un bambino che venisse lasciato a se stesso,
che venisse lasciato crescere a modo suo,
per suo conto,
potrebbe avere mai una qualche utilità
per la società, per gli interessi costituiti?
La società non è pronta ad assumersi questo rischio:

afferra il bambino, ne prende da subito possesso
e inizia a modellarlo, a plasmarlo
in qualcosa di cui ha bisogno.

In un certo senso, la società uccide l'anima del bambino
e gli dà una falsa identità,
in modo tale che non senta mai
la mancanza della sua anima,
del suo essere.
Non se ne accorge neppure.

Quella falsa identità è un surrogato,
ma quella sostituzione è utile
solo se rimani all'interno di quella stessa folla
che te l'ha fornita.
Nel momento in cui ti trovi da solo,
quella falsa personalità inizia ad andare in frantumi
e il reale, che è stato represso, inizia ad affiorare
e a esprimersi.
Ecco perché si ha tanta paura di essere soli

L'oscura notte dell'anima

Credevi di essere qualcuno,
e all'improvviso, in un momento di solitudine,
inizi a sentire di non essere nulla di tutto ciò.
Questo genera paura: in questo caso, chi sei?

... Ci vorrà tempo, prima che il reale
possa esprimere se stesso.
Quell'intervallo tra i due momenti
è stato chiamato dai mistici: "L'oscura notte dell'anima".

È un'espressione assolutamente appropriata.
Non sei più la falsa personalità di un tempo
e ancora non sei il reale.
Sei in un limbo: non sai chi sei.

Soprattutto in Occidente il problema risulta più complesso,
poiché non è stata ideata alcuna metodologia
che permetta di scoprire il reale
nel più breve tempo possibile,
per cui la notte oscura dell'anima
non può essere accorciata.

L'Occidente non sa nulla della meditazione
e "meditazione" è solo un nome
per indicare l'essere solo, in silenzio,
in attesa che il reale si manifesti.
Non è un'azione:
è un rilassamento silenzioso;
infatti, qualsiasi cosa tu possa fare
sarà solo frutto della tua falsa personalità.

Anni di falsa personalità

... Anni di falsa personalità
imposti da persone che amavi, che rispettavi...
e nessuno lo faceva intenzionalmente,
nessuno voleva farti del male.
Le loro intenzioni erano buone, ottime,
semplicemente non avevano alcuna consapevolezza.
Non erano persone consapevoli:
i tuoi genitori, gli insegnanti, i preti, i politici,
erano tutte persone inconsapevoli, per nulla coscienti.

E perfino la migliore intenzione,
nelle mani di una persona inconsapevole,
si rivela qualcosa di velenoso.

Ecco perché, ogni volta che ti ritrovi a essere solo,
affiora in te una paura profonda:
il falso inizia a scomparire, va in frantumi.
E ciò che è reale richiederà un po' di tempo:
l'hai perduto anni addietro,
devi accettare questo fatto
e ammettere che questa lacuna
richiede un po di tempo per essere colmata.

Chi sono?

La folla è un elemento essenziale
affinché ciò che è falso possa esistere.
Nel momento in cui ti ritrovi da solo,
inizierai a impazzire, darai in escandescenze!
È questo il momento in cui
sarebbe bene comprendere qualcosa della meditazione.
Non preoccuparti:
tutto ciò che può scomparire, è bene che scompaia.
Non ha senso aggrapparcisi: non ti appartiene,
tu non sei nulla di tutto ciò.
Nessun altro potrà mai rispondere alla tua domanda:
«Chi sono?»
Solo tu potrai saperlo, conoscerlo.
E tutte le tecniche di meditazione sono solo un aiuto
per distruggere ciò che è falso.
Non ti daranno il reale: non può essere dato.
Tutto ciò che può essere dato, non può essere reale.

Ciò che è reale lo hai già:
si deve solo sottrarre ciò che è falso.
Meditazione non è altro che questo:
il coraggio di essere in silenzio e solo.
Piano piano, inizi a percepire
una qualità nuova in te stesso,
una nuova vitalità, una bellezza e un'intelligenza nuove,
qualcosa che non è preso in prestito da nessun altro,
qualcosa che cresce dentro di te.
Ha radici nella tua esistenza.
E se non sei un codardo,
tutto questo giungerà a maturazione,
arriverà a una piena fioritura.

Frutti dell'identificazione

Tutte le tue paure sono conseguenze,
frutti dell'identificazione.
Ami una donna
e con l'amore, nello stesso pacco arriva la paura:
quella donna potrebbe lasciarti,
ha già lasciato qualcun altro per venire con te.
Esiste un precedente,
forse farà la stessa cosa anche a te.
La paura è presente, senti un nodo allo stomaco.
Sei troppo attaccato a questa donna,
non riesci ad accettare una semplice evidenza:
al mondo sei venuto solo,
esistevi anche ieri, senza questa donna,
e stavi benissimo; non avevi alcun nodo allo stomaco.
E domani, se questa donna dovesse lasciarti…
perché dovresti avere nodi allo stomaco?

Sai vivere senza di lei,
sarai in grado di farlo.

La paura che domani le cose possano cambiare...
qualcuno potrebbe morire,
tu potresti andare in bancarotta,
potresti perdere il lavoro...
mille e una cosa potrebbero cambiare all'improvviso.
E tu sei gravato di paure su paure,
e nessuna di esse è giustificata:
infatti, anche in passato eri sovraccarico di paure,
un'infinità di paure, tutte inutili.
Molte cose sono comunque cambiate,
e tu sei ancora vivo!
E ricorda: l'uomo ha un'incredibile capacità
di adattarsi a qualsiasi situazione gli si presenti.
Se ti guardi intorno,
puoi vedere che l'uomo vive in migliaia di climi,
in migliaia di situazioni geografiche,
politiche, sociologiche e religiose,
in realtà e contesti tutti diversi fra loro,
eppure riesce sempre a sopravvivere.
È sopravvissuto per secoli...
Le situazioni cambiano continuamente
e l'uomo continua ad adattarsi.

No, non hai nulla da temere.
Se anche il mondo finisse... e allora?
Tu finiresti con il mondo.
O pensi che, alla fine del mondo,
ti ritroverai su un'isola, da solo?

Se il mondo finisce, qual è il problema?

Se finisce, finisce!
La sua fine non creerà alcun problema.
Noi non saremo più qui,
saremo finiti insieme al mondo.
Non ci sarà più nessuno a preoccuparsi:
quella sarebbe davvero la fine ultima,
la libertà da qualsiasi paura!
Sarebbe la fine di ogni disagio, di ogni nodo allo stomaco.

La paura è simile all'oscurità

Che cosa puoi fare con l'oscurità, direttamente?
Non la puoi lasciar cadere,
non la puoi gettare fuori,
non la puoi chiamare in causa.
Non vi è alcun modo di essere in relazione con l'oscurità,
se non quello di accendere una luce.
La strada che porta all'oscurità
passa attraverso la luce.
Se vuoi l'oscurità, devi spegnere la luce:
se non vuoi l'oscurità, devi accendere la luce.
In ogni caso dovrai fare qualcosa rispetto alla luce,
non dovrai fare nulla con l'oscurità in sé, direttamente!

Perché ho paura delle donne?

Non è qualcosa di personale,
è praticamente qualcosa di universale.
Tutti gli uomini hanno paura delle donne
e tutte le donne hanno paura degli uomini;
e questo perché tutti hanno paura dell'amore.

Si ha paura dell'amore.
Ecco perché l'uomo ha paura della donna:
è il suo oggetto d'amore.
Ed è per questo che le donne hanno paura degli uomini:
sono il loro oggetto d'amore.

E noi tutti abbiamo paura dell'amore
perché si tratta di una piccola morte.
L'amore richiede che tu ti arrenda,
devi farlo, e nessuno di noi vuole abbandonarsi,
arrendersi.
Vorremmo che fosse l'altro a lasciarsi andare,
ad abbandonarsi,
vorremmo che l'altro si arrendesse, che fosse uno schiavo.
Ma l'altro desidera la stessa cosa:
l'uomo vuole che la donna sia una schiava,
e ovviamente la donna vuole la stessa cosa;
in lei è presente quello stesso desiderio.
I loro metodi di schiavizzare l'altro possono essere diversi,
ma il desiderio è il medesimo in entrambi.

La paura di scomparire

Tutte le paure possono essere ridotte a un'unica paura:
la paura di morire, e ciò vuol dire, la paura che
"un giorno potrei scomparire,
un giorno dovrò morire.
Ora esisto, ma si avvicina il giorno in cui non sarò più".
Questo fa paura, terrorizza.
Per evitare questa paura
iniziamo a muoverci
in modo da poter vivere il più a lungo possibile.

Cerchiamo dunque di rendere sicure le nostre vite:
iniziamo a fare compromessi,
iniziamo a diventare sempre più sicuri,
a rafforzare le nostre difese,
cerchiamo la sicurezza a ogni costo,
solo a causa di questa paura.
In questo modo ci paralizziamo,
poiché più siamo sicuri,
più siamo protetti,
meno vivi saremo.

Certo, solo a causa della paura della morte
lottiamo per la sicurezza a ogni costo:
un conto in banca, un'assicurazione, un matrimonio,
una vita "a posto", un lavoro sicuro, una casa.
Non solo: diventiamo membri di una nazione,
aderiamo a un partito politico, ci leghiamo a una chiesa;
diventiamo hindu, cristiani, musulmani.
Questi sono tutti modi per trovare una sicurezza.
Sono tutti modi per trovare un luogo di appartenenza,
qualcosa cui appartenere: una nazione, una chiesa.
Ed è a causa di questa paura che i politici e i preti
continuano a sfruttarti.
Se non avessi alcuna paura,
nessun politico, nessun prete potrebbe sfruttarti.
Ti possono sfruttare solo perché possono fornirti,
o quanto meno ti possono promettere,
qualcosa che ti renderà sicuro:
«Lo garantisco! Questa sarà la tua sicurezza!»
Quella promessa potrebbe non realizzarsi mai,
ciò che promettono potrà non esserti mai dato,
ma questa è un'altra cosa: ciò che conta è la promessa...
ed è la promessa che mantiene la gente oppressa,

reitera lo sfruttamento.
È la promessa a tenere incatenate le persone.

Che cosa dà forma alla paura?

La sostanza di cui la paura è formata è solo questa:
non sai chi sei,
quell'ignoranza del tuo stesso sé dà forma alla paura.
E quella paura può manifestarsi in molti modi,
le sue manifestazioni possono essere infinite,
comunque, fondamentalmente,
la paura è una sola,
ed è questa:
«In profondità, dentro di me, potrei non essere.»
E ciò è vero, in un certo senso: tu non sei.

Che cos'è il coraggio?

Questo è coraggio:
addentrarsi nell'ignoto malgrado tutte le paure.

Coraggio non significa affatto assenza di paura.
L'assenza di paura accade
solo se continui a essere coraggioso,
a essere sempre più coraggioso.
Questa è l'esperienza suprema del coraggio:
l'assenza di paura,
questa è la fragranza del coraggio,
allorché diventa assoluto.
Ma, all'inizio, non esiste una gran differenza tra il codardo
e la persona coraggiosa.

La sola differenza è questa:
il codardo ascolta le proprie paure e le segue,
la persona coraggiosa le mette da parte e procede spedita.
La persona coraggiosa entra nell'ignoto,
malgrado tutte le sue paure.
Riconosce quelle paure, sono di fronte a lei.

Tu hai esagerato le tue paure.
Scruta semplicemente in esse, osservale,
e il tuo semplice osservarle inizierà a rimpiccolirle.
Tu non hai mai osservato le tue paure,
ti sei sempre limitato a fuggirle, a evitarle,
sei sempre scappato via.
Intorno a loro hai creato delle difese,
anziché guardarle direttamente negli occhi, le hai coperte.
No, non c'è assolutamente nulla di cui avere paura:
tutto ciò che occorre è solo un po' più di consapevolezza.
Pertanto, qualsiasi paura tu abbia,
afferrala, prendila in mano
e osservala nei dettagli più minuti,
così come uno scienziato osserva un oggetto.
E rimarrai sorpreso:
inizierà a fondersi come ghiaccio al Sole.
Quando l'avrai scrutata nella sua totalità, è svanita!
E quando sarà presente la libertà, priva di qualsiasi paura,
porterà con sé una benedizione tale
che nessuna parola potrà mai descrivere.

La paura accettata diventa libertà;
la paura negata, rifiutata, condannata,
diventa senso di colpa.
Se accetti la paura come parte della situazione...
ed è parte dello stato di fatto delle cose!

L'uomo è una parte così piccola e infinitesimale,
e il Tutto è così vasto:
l'uomo è una goccia, una goccia piccolissima,
mentre il Tutto è un oceano sconfinato.
È naturale che nasca un tremito, la paura ti afferra:
«Potrei perdermi nel Tutto,
la mia identità potrebbe andare perduta.»
Ecco che cos'è la paura della morte
e ogni paura è, in realtà, paura di morire:
si teme l'annullamento, questo è la paura della morte.

Un uomo che vive soggiogato dalla paura
vive con un costante tremore interiore.
È perennemente sul punto di impazzire
poiché la vita è immensa, sconfinata
e se tu vivi nella paura perenne...

Esistono paure di ogni tipo:
puoi farne una lista, non avrebbe fine,
rimarresti sorpreso da quante sono;
eppure sei ancora vivo!
Siamo circondati da virus, infezioni, malattie,
pericoli, assassinii, rapimenti, attacchi terroristici...
e la vita è così breve.
E alla fine ecco la morte, che non puoi evitare.
In questo modo, tutta la tua vita diventerà tenebrosa.

Lascia cadere la paura!
L'hai assorbita inconsciamente,
quando eri un bambino;
ora consciamente lasciala cadere
e diventa un uomo maturo.
Allora la vita potrà essere una luce

che continua a scendere
a profondità sempre più vertiginose
e tu continuerai a crescere sempre di più.

La comprensione è il segreto della trasformazione.
Se riesci a comprendere la rabbia,
immediatamente verrai inondato di compassione.
Se riesci a comprendere il sesso,
immediatamente realizzerai il *samadhi*.
"Comprensione" è una parola fondamentale:
la più importante da ricordare.

Parte quinta
IL SEGRETO DELLA TRASFORMAZIONE: COMPRENSIONE

Fin dall'inizio si dovrebbe ricordare
che noi tutti siamo alla ricerca di un luogo,
di uno spazio, di una dimensione
in cui nulla affiori:
nessuna polvere, nessuna nebbia.
Un luogo in cui tutto sia puro e limpido,
assolutamente vuoto, pura e semplice spaziosità.

Certo, fin dall'inizio si dovrebbe avere chiaro
ciò che si sta cercando...

Un po' più comprensivo

Sii semplicemente un po' più comprensivo
nei confronti di tutti i tuoi sentimenti,
di tutte le tue emozioni:
hanno tutti un posto specifico
nell'armonia globale del tuo essere.
Ma noi siamo stati tenuti praticamente all'oscuro,
siamo ciechi rispetto a tutte le nostre potenzialità,
siamo ciechi rispetto a tutte le dimensioni
in cui il nostro essere può dischiudersi.

Sii un po' più attento, presente e consapevole
rispetto a ogni cosa.
E ricorda che ciò che è naturale è superiore,
mentre ciò che è innaturale è falso... è "americano!"

La paura è simile all'oscurità.
Che cosa puoi fare direttamente, contro l'oscurità?
Non puoi semplicemente liberartene,
non la puoi buttare via.
Non puoi fare nulla con l'oscurità;
puoi solo portare più luce.
Ogni rapporto con l'oscurità passa attraverso la luce.
Se desideri avere il buio, spegni la luce;
se non lo vuoi, accendila.
Ma comunque dovrai operare con la luce,
con il buio non potrai mai fare nulla, direttamente.

Consapevolezza e trasformazione

È necessaria la consapevolezza, non la condanna,
e tramite la consapevolezza
la trasformazione accade spontaneamente.
Se diventi consapevole della tua rabbia,
la comprensione penetra in te.
Osserva semplicemente, senza alcun giudizio,
senza dire che sia un bene, senza dire che sia un male:
osserva semplicemente il tuo cielo interiore.

Esplodono tuoni e fulmini, esplode la rabbia,
ti senti ribollire,
l'intero sistema nervoso è scosso, sconquassato,
e senti il tuo corpo percorso da un tremito...

è un momento stupendo,
infatti, quando le tue energie sono in funzione
puoi osservare con maggior facilità,
quando sono assopite, quando non sono all'opera,
è impossibile qualsiasi osservazione.

Chiudi gli occhi e medita su ciò che accade.
Non lottare, osserva semplicemente ciò che accade:
l'intero cielo è ricolmo di scariche di elettricità,
un'infinità di fulmini lo attraversano,
è qualcosa di bellissimo...
sdraiati semplicemente per terra,
guarda quel cielo e osservalo.

Osserva il tuo cielo interiore

Prova con il cielo all'esterno, durante un temporale
e poi fa' la stessa cosa all'interno, con il cielo interiore.
Nuvole nere e gonfie di pensieri lo attraversano,
senza nuvole non sarebbero possibili i fulmini!
Qualcuno ti ha insultato, qualcuno ti ha deriso,
qualcuno ha sparlato di te... un'infinità di nuvole,
nuvole enormi esplodono in fulmini
nel tuo cielo interiore.
Osserva! È uno spettacolo bellissimo,
certo, è anche qualcosa di spaventoso,
perché non comprendi.
È misterioso, e se un mistero non viene compreso
diventa qualcosa di terribile, qualcosa che ti terrorizza.
Viceversa, quando un mistero è compreso,
diventa una grazia, un dono,
poiché ora hai nuove chiavi

e possedendo quelle chiavi, diventi il padrone.
Non controlli la situazione:
semplicemente, quando sei consapevole,
diventi il padrone.
E più diventi consapevole,
più penetri nei tuoi abissi interiori,
poiché la consapevolezza è questo:
scendere dentro di sé,
scendere sempre di più negli abissi dell'anima.
Più consapevole, più in profondità;
totalmente consapevole,
perfettamente immerso in te stesso;
meno consapevole, più estroverso;
inconsapevole, completamente estroverso,
fuori dalla tua casa, un vagabondo senza fissa dimora!

Il cuore vuoto

La gente ha sempre pensato che "mente" significhi
parole, linguaggio, pensiero. Non è vero!
Si tratta di realtà molto vicine, simultanee,
così prossime le une alle altre
che puoi pensare che siano un'unica cosa.
Ma se scendi profondamente in meditazione
e abbandoni il mondo delle parole e del linguaggio,
all'improvviso ti ritroverai
in una mente vuota al di là di esse:
quella è la tua vera mente.
Per distinguere le due cose,
noi la definiamo "il cuore vuoto".

Puoi anche chiamarla nonmente, mente reale,
oppure "il cuore vuoto": sono tutti sinonimi.
Ma di solito, siamo così intimi con il pensiero,
con le emozioni, con le parole,
che non possiamo concepire
l'esistenza di un cielo oltre le nuvole,
la presenza di una Luna piena oltre le nuvole.
Per vedere la Luna, dovrai andare al di là delle nuvole.

Il cuore vuoto è una soglia sull'eternità.
È una connessione tra te e l'esistenza.
Non è qualcosa di fisico o di materiale;
non è qualcosa di mentale o di psicologico.
È qualcosa al di là di quelle due dimensioni,
le trascende entrambe. È la tua spiritualità.
Ricorda, il cuore vuoto fa di te un Buddha.

Un'unica via d'uscita

Tu provi rabbia, provi gelosia, provi odio, provi bramosia.

Esiste una tecnica, una tecnica qualsiasi
in grado di aiutarti a uscire dalla rabbia?
Di liberarti dalla gelosia? Dall'odio? Dalla lussuria?
Infatti, se queste cose permangono,
il tuo stile di vita rimarrà lo stesso di sempre.

Esiste un'unica strada, non ne è mai esistita un'altra.
Esiste una sola via per comprendere
che andare in collera è stupido:
osserva la rabbia in tutte le sue fasi,
sii attento, presente e consapevole all'intero processo

in modo da non diventarne vittima inconsapevole:
resta un osservatore presente e attento,
e osserva tutti i passaggi della rabbia.

Rimarrai sorpreso:
man mano che aumenta la tua consapevolezza
dei meccanismi della rabbia,
la rabbia stessa inizia a evaporare.
E quando scompare, ecco la pace.
La pace non si realizza per via diretta:
quando l'odio scompare, ecco l'amore.
L'amore non si realizza per via diretta:
quando la gelosia scompare,
ecco una profonda amicizia verso ogni cosa.
Cerca di comprendere...
Ma tutte le religioni hanno corrotto le vostre menti,
poiché non vi hanno insegnato a osservare,
a comprendere;
al contrario, vi hanno imbottiti di conclusioni:
la rabbia è qualcosa di male.
Ma nel momento in cui condanni qualcosa,
hai già assunto una posizione precisa,
hai formulato un giudizio.
Ora non puoi più essere consapevole.
La consapevolezza richiede uno stato di non-giudizio.
E tutte le religioni hanno sempre insegnato a giudicare:
questo è buono, questo è cattivo,
questo è peccato, questa è virtù;
questo è il pattume con cui la mente dell'uomo
è stata soffocata nei secoli.

Pertanto, di fronte a qualsiasi cosa,
nel momento in cui la vedi,

ecco esplodere in te un giudizio.
Non riesci a vederla semplicemente,
non riesci a essere un semplice specchio,
non riesci a non esprimere un giudizio.

La comprensione nasce quando diventi uno specchio:
uno specchio di tutto ciò che scorre nella mente.

Hai veramente compreso?

Perché mai pensi tanto a rinunciare alla rabbia?
Come mai?
Semplicemente perché ti è stato insegnato che è un male.
Ma tu hai compreso che è un male?
Hai raggiunto una tua conclusione, personale e diretta,
attraverso un processo interiore di profonda intuizione,
per cui puoi affermare che è un male?

Se sei giunto a questa conclusione
attraverso una tua ricerca interiore,
non avrai alcun bisogno di rinunciarvi:
sarà già scomparsa da sola, spontaneamente.
Il fatto stesso di sapere che è un veleno, è sufficiente.
In questo caso sei una persona del tutto nuova,
diversa dal tuo io di un tempo.

Tu non fai altro che pensare a rinunciare a qualcosa.
Come mai?
Accade perché tutti dicono
che la rabbia è qualcosa di male,
e tu vieni semplicemente influenzato
da qualsiasi cosa venga detta dalla gente.

In questo modo, continui a pensare
che la rabbia sia un male,
ma quando la situazione esplode,
continui ad andare in collera.

Se senti che la rabbia è qualcosa di buono,
esplodi e non dire più che è un male.
Oppure, se dici che è un male,
cerca di capire se questa è una tua realizzazione,
oppure si tratta di qualcosa che ti è stata detta.
Tutti non fanno che creare infelicità intorno a se stessi
a causa degli altri.
Qualcuno dice che una cosa è cattiva
e qualcun altro che una cosa è buona,
e tutti non fanno
che importi a forza queste idee nella mente.
I genitori lo fanno, la società lo fa,
e alla fine, un giorno, ti ritrovi a seguire solo idee altrui.
E la diversità tra la tua natura e le idee altrui
provoca una frattura:
diventi schizofrenico.
Agirai in un certo modo e crederai all'esatto contrario.
Questo creerà un senso di colpa. Tutti si sentono in colpa.
Ciò non accade perché qualcuno sia colpevole,
accade solo a causa di questo meccanismo.

La gioia è sempre dentro di te

Ogni volta che provi gioia
hai sempre la sensazione che provenga dall'esterno.
Hai incontrato un amico,
ovviamente sembrerà che la gioia che provi

provenga dall'amico, dal vederlo.
Non è così:
la gioia è sempre dentro di te.
L'amico è semplicemente diventato la situazione.
L'amico ha aiutato quella gioia ad affiorare,
ti ha aiutato a vedere che esiste in te.

Questo non accade solo con la gioia, accade con ogni cosa:
con la rabbia, con la tristezza,
con l'infelicità, con la felicità, con ogni cosa.
Le persone che incontri sono solo situazioni, grazie alle quali ciò che è nascosto in te viene espresso.
Non sono mai le cause, nessuno ti causa mai qualcosa.
Qualsiasi cosa accada, accade a te.
È sempre stata presente,
semplicemente, l'incontro con quell'amico
è diventato una situazione
in cui qualsiasi cosa fosse nascosta
è uscita alla luce del Sole,
è affiorata all'esterno.
Dalle tue sorgenti nascoste è diventata apparente,
manifesta.
Ogni volta che accade,
resta centrato nella tua sensazione interiore,
e avrai nella tua vita
un'attitudine diversa rispetto a ogni cosa.

Se manca l'occasione...

Quando sei solo,
quando non c'è nessuno a provocare la tua rabbia,
nessuno che crei un'occasione per rattristarti,

nessuno che ti metta di fronte alle tue false sembianze...
quando sei solo, la rabbia non affiora.
Non è che sia scomparsa: semplicemente
non esiste una situazione che le permetta di esplodere.
Tu sei pieno di rabbia,
ma nessuno ti sta insultando, nessuno ti ferisce;
manca semplicemente l'occasione.

Torna nel mondo:
vivi cinquant'anni sull'Himalaya e poi torna nel mondo,
immediatamente vedrai che la tua rabbia è presente,
fresca come non mai;
addirittura, adesso potrebbe essere ancora più potente,
a causa di quei cinquant'anni in cui l'hai accumulata,
non hai fatto altro che accumulare veleno.
Ecco perché, a quel punto, si ha paura a tornare nel mondo.

Va' sull'Himalaya, vedrai un'infinità di persone
ciondolare in quei posti.
Codardi che non riescono a tornare nel mondo.
Che specie di purezza sarà mai questa,
una purezza fondata sulla paura?
Che celibato sarà mai questo, fondato sulla paura?
Che realtà sarà mai questa: ha paura della maya,
di un'illusione?
Che luce sarà mai questa: ha paura dell'oscurità,
al punto da credere che, tornando nell'oscurità
il suo potere distruggerà ogni luce?
L'oscurità è mai riuscita a distruggere una qualsiasi luce?
Eppure quella gente ozia in quelle regioni,
e più bamboleggia,
più perde il coraggio di tornare nel mondo.

Sull'Himalaya possono avere un'immagine di sé stupenda:
nessun altro potrà mai distruggerla.
Nel mondo è difficile.
Qualcuno, all'improvviso, potrebbe pestarti i piedi;
qualcuno, all'improvviso, potrebbe ferirti.
Devi lasciar cadere la tua rabbia, realmente,
e il mio sforzo tende a questo: tu devi cambiare.
Non tentare di cambiare l'ambiente circostante,
per favore, cambia te stesso!
Cambiare il contesto non aiuterà mai nessuno,
non ha mai aiutato nessuno.

Puoi meditare diverse ore al giorno,
ma anche meditare ventiquattr'ore al giorno,
non ti sarà di alcuna utilità,
a meno che la meditazione non diventi il tuo stile di vita.
Non è importante che mediti:
puoi meditare una, due, tre, sei o ventiquattr'ore,
potrai solo impazzire,
di certo non realizzerai mai il *samadhi*.

Parte sesta
SUGGERIMENTI PRATICI

Le pagine che seguono contengono suggerimenti pratici per fare esperimenti individuali nel mondo delle emozioni.

Ecco che cos'è la meditazione:
vedere l'insieme del tuo corpo e della tua mente
senza identificarti con tutto ciò.
È allora che un nuovo centro
comincerà a integrarsi in te.
Usandolo, lo crei; usandolo di più,
lo rendi più intenso.
E ben presto
farai l'esperienza di un fenomeno completamente diverso:
l'esistenza dell'anima.
Allora saprai che la nascita
non è l'inizio della tua vita,
esistevi anche prima,
e che la morte non sarà la fine,
esisterai anche dopo.

Qual è il tuo tema dominante?

Il mio metodo è semplicissimo.
Tieni un diario per sette giorni
e annota ogni giorno
ciò che assorbe la maggior parte del tuo tempo,
qual è la fantasia che affiora di più nell'arco della giornata,
qual è la direzione
verso la quale la tua energia è sempre pronta a muoversi.
Osserva semplicemente per sette giorni
e annota tutto nel tuo diario:
in questo modo potrai trovare
la tua caratteristica principale.

E questa scoperta è metà della vittoria.
Ti darà una forza immensa,
perché conoscerai il tuo nemico.

Tu puoi diventare un fiore di loto

Il fiore di loto
è uno dei fenomeni più miracolosi che esistano,
ecco perché in Oriente
è diventato il simbolo della trasformazione spirituale.
Il Buddha è seduto su un loto, Vishnu è in piedi su un loto.
Come mai?
Perché il fiore di loto racchiude in sé
un valore simbolico di estrema importanza:
cresce nel fango.
È simbolo di una trasformazione, è una metamorfosi.
Il fango è sporco, potrebbe puzzare;
il loto è fragrante, ed è affiorato da fango puzzolente.

Esattamente nello stesso modo,
la vita comune è fango immondo,
ma in essa è nascosta
la possibilità di diventare un fiore di loto.
Il fango può essere trasformato,
tu puoi diventare un fiore di loto.
Il sesso può essere trasformato e può diventare *samadhi*.
La rabbia può essere trasformata
e può diventare compassione.
L'odio può essere trasformato e può diventare amore.
Tutto ciò che ribolle in te e che in questo momento
sembra qualcosa di negativo,
fango immondo, può essere trasformato.
La tua mente rumorosa può essere svuotata
e trasformata,
allora diventa una musica celestiale.

Trasformare la rabbia

La meditazione del cuscino

    Quando: Ogni mattina.
    Durata: 20 minuti.

Il primo passo nel processo di trasformazione
prevede l'espressione della rabbia,
ma non su qualcun altro. Infatti, se la esprimi su qualcuno
non potrai mai esprimerla totalmente.
Vorresti uccidere, ma non è possibile;
vorresti massacrare di botte, ma non è possibile.
Tuttavia, lo puoi fare con un cuscino.
Il cuscino non reagirà, né andrà in tribunale,
né serberà rancore o ti resterà nemico per sempre:

il cuscino, semplicemente, non farà nulla di nulla
anzi, sarà felice e riderà di te.

La seconda cosa da ricordare è questa:
sii consapevole.
Quando ti controlli,
non è necessaria alcuna consapevolezza:
ti limiti a un'azione meccanica, sei simile a un automa.
La rabbia esplode e un meccanismo entra in azione:
all'improvviso tutto il tuo essere si rattrappisce e si chiude.
Se tu fossi consapevole,
non sarebbe così facile controllarti.
La società non insegna mai la consapevolezza
poiché una persona che osserva con una presenza
attenta e consapevole
è aperta al massimo delle sue possibilità.
È parte della consapevolezza: si è aperti,
e se vuoi reprimere qualcosa quando sei aperto,
potrebbe essere contraddittorio,
potrebbe esplodere all'esterno.
La società ti insegna come fare a chiuderti in te stesso,
come scavare una caverna all'interno del tuo essere,
a non lasciare aperta la più piccola finestrella,
così che nulla possa uscire all'esterno.

Ma ricorda: quando nulla esce all'esterno,
nulla entra all'interno.
Quando la rabbia non può manifestarsi, sei chiuso.
Se tocchi una pietra bellissima, in te non entra nulla;
se guardi un fiore stupendo, in te non entra nulla,
i tuoi occhi sono morti, sono chiusi, spenti.
Vivi una vita insensibile:
la sensibilità cresce con la consapevolezza.

Alla ricerca delle radici

Ti senti triste o in collera: puoi farne una meditazione.
Non lottare con le tue sensazioni,
non distrarre la tua mente,
non rivolgerla a qualcos'altro.
Non andare al cinema, solo perché ti senti triste.
Non tentare in alcun modo di reprimere le tue emozioni:
sono tutte un'incredibile opportunità per meditare.

Osserva semplicemente da dove affiora la collera.
Va' semplicemente alle sue radici primarie,
quando ci arriverai,
le tue emozioni inizieranno a scomparire,
diranno: «Quest'uomo è strano, sta cercando le radici!».
E tutte quelle afflizioni, quelle emozioni,
i sentimenti, le sensazioni
nulla di tutto ciò ha alcuna radice!
Sono semplici nuvole, prive di qualsiasi radice,
sono nuvole che avvolgono la mente.

Dunque, se inizi a cercare le radici,
le tue emozioni inizieranno a scomparire:
«Questa non è la persona giusta,
non riusciremo a influenzarla.
È un po' strana: noi siamo qui, e lei cerca le radici!»
Anziché essere triste, anziché andare in collera,
anziché essere infelice... cerca le radici!
Ogni sentimento, ogni emozione, ogni sensazione
scomparirà
se ti metterai alla ricerca delle sue radici.
Se la tua consapevolezza
scenderà sufficientemente in profondità

alla ricerca di quelle radici, quell'emozione se ne andrà
e il cielo del tuo essere interiore
sarà assolutamente puro e limpido.
Provaci, e resterai stupito da ciò che sperimenterai.

Correre

Quando: Al mattino.

Questo è un esercizio adatto a chiunque non riesca a esprimere rabbia, amore, paura e altre emozioni simili.

«È difficile lavorare direttamente sulla rabbia,
poiché potrebbe essere repressa profondamente;
quindi, ti consiglio di lavorarci su, in modo indiretto.
Correre aiuterà moltissimo la rabbia e la paura
a dissolversi.
Quando corri per molto tempo, e respiri profondamente,
la mente smette di funzionare
e il corpo assume la padronanza della situazione.»

Prima fase: Al mattino, mettiti a correre per la strada. Inizia facendo due chilometri e poi aumenta fino ad arrivare a sei. Usa tutto il corpo. Non correre come se fossi bloccato in una camicia di forza: corri come un bambino, usando tutto il corpo, muovendo sia le mani sia piedi, e respira profondamente, dall'ombelico.

Seconda fase: Adesso siediti sotto un albero e riposa, suda tranquillamente e lasciati accarezzare dalla fresca brezza, sentendoti in pace. Sei solo un corpo che ansima, sei vivo, un organismo in sintonia con il Tutto. Del tutto simile a un qualsiasi animale.

Un consiglio di Osho: «La muscolatura deve essere rilassata. Se ti piace nuotare, puoi fare anche questo, sarà utilissimo. Ma anche questo deve essere fatto il più totalmente possibile. Qualsiasi cosa in cui riesci a coinvolgerti totalmente, sarà efficace. Ciò che conta non è la rabbia, o qualsiasi altra emozione ti domini, quanto piuttosto lasciarsi coinvolgere totalmente da qualcosa. In questo caso sarai in grado di lasciarti coinvolgere sia dalla rabbia sia dall'amore.

La persona che sa come essere totale in qualsiasi cosa, potrà immergersi totalmente in qualsiasi cosa».

Portare le cose a ebollizione

Quando: Ogni giorno, quando ti senti bene.
Durata: 15 minuti.
Attenzione: È richiesta una sveglia.

Prima fase: Chiuditi in una stanza e per quindici minuti va' in collera, scaldati e arriva al punto di ebollizione, tocca il culmine, come se avessi raggiunto i cento gradi, ma non esplodere. Continua a forzare la rabbia, impazzisci letteralmente di rabbia, ma non esprimerla, non lasciare che si scarichi, neppure picchiando un cuscino. Reprimila in tutti i modi, fa' l'esatto opposto di una catarsi.

Se senti tensione salire nello stomaco, come se qualcosa dovesse esplodere, blocca lo stomaco: rendilo il più teso possibile. Se senti che le spalle si tendono, rendile ancora più tese. Fa' che tutto il corpo sia il più teso possibile, rendilo letteralmente un vulcano che ribolle all'interno, senza alcuno sfogo all'esterno. Questo è il punto da ricordare: nessuno sfogo. Non urlare, altrimenti lo stomaco si rilasserà; non colpire nulla, altrimenti le spalle scaricheranno la loro tensione.

Seconda fase: Quando la sveglia suonerà, siediti in silenzio, con gli occhi chiusi e osserva semplicemente ciò che accade. Rilassa tutto il corpo piano piano.

Il commento di Osho: «Questo mandare in ebollizione l'organismo costringerà a sciogliere i tuoi schemi di comportamento, i tuoi meccanismi...».

La Meditazione Dinamica

Le persone incapaci di esprimere la propria rabbia, possono trovare utilissimo utilizzare tecniche di meditazione di tipo attivo, che iniziano con il movimento e usano l'azione per permettere un'esplosione catartica.

«La meditazione è un fenomeno di energia. E una cosa fondamentale da comprendere, rispetto a qualsiasi forma di energia, è questa legge fondamentale: l'energia si muove all'interno di un dualismo polare. Questo è il solo modo in cui si può muovere, non esiste altra possibilità di movimento: si tratta sempre di un movimento bipolare.

Affinché qualsiasi energia diventi dinamica, è necessaria la sua polarità opposta. È del tutto simile all'elettricità, che si muove tra un polo negativo e uno positivo. Se esistesse solo la polarità negativa, o solo quella positiva, l'elettricità non potrebbe esistere. Sono necessarie entrambe le polarità. E quando le due polarità si incontrano, generano l'elettricità: si accende una scintilla.

Dovunque guardi, vedrai la stessa energia che si muove tra polarità, equilibrandosi. Questa realtà bipolare è estremamente significativa per ciò che riguarda la meditazione poiché la mente è logica e la vita è dialettica.

Dicendo che la mente è logica, voglio dire che si muove linearmente. Quando dico che la vita è dialettica, voglio dire che si muove verso l'opposto, non lungo una linea. Procede a zig zag dal polo negativo a quello positivo e dal positivo al negativo, continuamente. Si muove a zig zag, usando entrambe le polarità.

Viceversa, la mente si muove linearmente: è una retta che procede all'infinito. Non si sposta mai verso l'opposto, lo nega. Crede nell'uno e la vita crede nella dualità.

È possibile convertire l'energia e utilizzarla. In questo caso, utilizzandola, diventerai più vitale, più vivo. L'opposto deve essere assorbito, in questo caso il processo diventa dialettico.

L'assenza di sforzo implica non fare nulla, è inattività.
Lo sforzo implica fare moltissimo, è attività.
Entrambe le cose devono essere presenti.

Fa' quanto più ti è possibile, ma non essere colui che agisce: in questo caso conseguirai entrambe le cose. Muoviti nel mondo, ma non esserne parte. Vivi nel mondo, ma non lasciare che il mondo viva in te.

Ed è ciò che sto facendo io. La mia tecnica di Meditazione Dinamica opera in questo senso: è una contraddizione.

Dinamica significa sforzo, uno sforzo estremo, uno sforzo assoluto. E meditazione significa silenzio, nessuno sforzo, nessuna azione.

Dunque, la puoi definire una meditazione dialettica.»

Istruzioni per la Meditazione Dinamica

La Meditazione Dinamica è la meditazione di Osho più essenziale ed è quella più conosciuta. Si compone di cinque fasi. Le prime tre devono essere praticate con totalità, in modo che nel corpo non resti alcuna energia statica;

così la mente non avrà più alcun alimento per creare pensieri, sogni e immaginazioni. Esaurendo l'energia nell'estroversione, all'improvviso ci si ritrova dentro di sé. La quarta fase è un'osservazione silenziosa, un essere testimoni. Nella quinta e ultima fase si celebra e si danza.

Questa meditazione va fatta al mattino presto, a stomaco vuoto. Esiste un nastro con una musica appositamente studiata da Osho per scandire con efficacia le diverse fasi della tecnica.

Prima fase (10 minuti): Respira in modo caotico e rapido, attraverso il naso; respira profondamente, rapidamente e con intensità, senza alcun ritmo. Poni la tua attenzione sull'espirazione, l'inspirazione avverrà da sola: rendi il respiro un movimento continuo, intenso, caotico e profondo. La respirazione deve essere rapida e al tempo stesso scendere in profondità nei polmoni. Usa il movimento naturale del corpo per aiutare la respirazione e portala al massimo delle tue possibilità, muoviti il più totalmente possibile, senza però irrigidire il corpo: assicurati che il collo e le spalle rimangano rilassate. Non smettere, continua fino a diventare letteralmente il respiro, e mantienilo caotico, non dargli alcun ritmo. Quando l'energia inizierà a scorrere, muoverà tutto il corpo: lascia che questi movimenti corporei si manifestino e usali come mezzo utile a far montare altra energia: se muovi le braccia e il resto del corpo in modo naturale, ti aiuterai a fare affiorare tutta la tua energia; sentila crescere, ma non lasciarla esplodere nel primo stadio e non ridurre mai l'intensità della respirazione. In questo modo distruggerai i tuoi schemi mentali e ti preparerai a liberare le tue emozioni represse.

Seconda fase (10 minuti): Segui il corpo e concedigli

tutta la libertà di esprimersi, di scaricare qualsiasi cosa sia presente in esso. Esplodi: ridi, urla, piangi, salta, canta, grida, scuotiti, danza, scalcia, muoviti nella più assoluta follia; lascia che il corpo prenda il sopravvento, espelli dal tuo organismo qualsiasi cosa abbia bisogno di uscire; Impazzisci totalmente! Qualsiasi cosa affiori nella tua mente, esprimila totalmente. Non trattenere nulla di nulla, mantieni tutto il tuo corpo in movimento per tutta questa fase. In questo modo libererai il tuo organismo da ogni repressione, dal tuo intero condizionamento. All'inizio potrebbe essere utile recitare un po'. Ricorda di non permettere alla tua mente di giudicare o di interferire con ciò che accade... e sii totale con tutto il corpo.

Terza fase (10 minuti): Mantieni le spalle e il collo rilassati e salta con le mani alzate quanto più ti è possibile, urlando a gran voce il mantra: "Hu! Hu! Hu!". Stai attento a non bloccare i gomiti e a ricadere a terra sull'intera pianta del piede. Espira mentre emetti il suono, in modo tale che tutto il tuo respiro fuoriesca. Usa tutta la tua energia, esaurisciti totalmente. Fa' in modo che il suono giunga dal basso, dall'ombelico: questo mantra urlato colpirà in profondità il centro sessuale dall'interno, e quando questo centro è colpito dall'interno l'energia inizia a fluire verso l'alto; in questo modo, ogni cellula del tuo organismo diventerà più cosciente: non potrai più restare inconsapevole.

Quarta fase (15 minuti): Fermati e resta immobile! Congelati esattamente là dove ti trovi, in qualsiasi posizione tu sia. Non muoverti, non fare assolutamente nulla, non sistemare il corpo, la sua posizione: un colpo di tosse, il più piccolo movimento dissiperanno il fluire dell'energia e tutti i tuoi sforzi saranno vanificati. In questo arresto improvviso verrai ributtato nel centro. Diventerai un osservatore, un testimone del tuo stesso corpo e della tua mente: osserva in modo distaccato e imparziale qualsiasi cosa accada dentro di te.

Quinta fase (15 minuti): Celebra e gioisci al suono della musica, danza, esprimi la tua gratitudine al Tutto. E porta con te, per tutta la giornata, la vitalità ritrovata.

Nota: La Meditazione Dinamica può essere fatta anche quietamente, laddove fosse necessario o richiesto dall'ambiente in cui ci si trova: la catarsi della seconda fase può essere completamente sostituita dai movimenti corporei, e nella terza fase lo "Hu!" può essere ripetuto in silenzio, interiormente.

Il consiglio di Osho: «Per ciò che concerne l'uomo moderno, io insisto sul fatto che deve praticare meditazioni attive, non silenziose. E questo perché la tua energia ha bisogno di essere espressa, necessita una catarsi. Hai una quantità di energia impressionante e nessuna azione con cui esprimerla... lasciala fluire! Attraverso l'azione ti fondi nell'esistenza. E quando l'energia se ne sarà andata e ti rilasserai, allora sarai in silenzio: trova uno spazio tranquillo nello stagno, e rilassati lì».

Per approfondire: Nelle edizioni Oscar Mondadori si può trovare *Alleggerire l'anima*, un testo che introduce alle Meditazioni Attive di Osho.

La trasformazione della gelosia

Meditazione per coppie

Se vi sentite bloccati nella vostra relazione, se le vostre energie hanno bisogno di fluire liberamente e di fondersi, potete provare questa tecnica.

Quando: Di notte.
Durata: Un'ora.

Prima fase: Sedetevi l'uno di fronte all'altra, tenendovi le mani, incrociate.
Seconda fase: Per dieci minuti guardatevi negli occhi. Se il corpo inizia a muoversi o a ondeggiare, lasciatelo fare. Potete battere le palpebre, ma non distogliete mai lo sguardo. E, qualsiasi cosa accada, mantenete sempre il contatto delle mani.
Terza fase: Dopo dieci minuti chiudete gli occhi e lasciatevi ondeggiare per altri dieci minuti.
Quarta fase: Ora alzatevi in piedi e ondeggiate insieme, per altri dieci minuti, sempre tenendovi per mano. In questo modo le vostre energie si fonderanno profondamente.

Amore per il flusso di energia

Qualsiasi cosa fai con amore, aiuta la tua energia a fluire. Qualsiasi oggetto d'amore andrà bene, qualsiasi scusa funzionerà: è qualcosa del tutto simile all'acqua che scorre verso il basso; quindi, ovunque si trovi il mare, l'acqua cercherà quel livello e continuerà a muoversi verso di esso. Ovunque vi è amore, l'energia ricerca quel livello d'amore e continua a scorrere in quella direzione.

Prima fase: Prendi in mano una pietra e trattala con profondo amore, con intima considerazione. Chiudi gli occhi e prova un profondo amore per quella pietra: prova gratitudine per la sua esistenza, sii grato perché accetta il tuo amore. All'improvviso sentirai una pulsazione e l'energia comincerà a muoversi.

Seconda fase: Piano piano non sarà più necessario avere un oggetto di riferimento. Grazie alla semplice idea che ami qualcuno, l'energia inizierà a scorrere. L'amore è flusso, e quando siamo irrigiditi, freddi come ghiaccio, significa che non amiamo.

Il commento di Osho: L'amore è calore, e non ti puoi congelare se il calore è presente. Quando l'amore non è presente, tutto è freddo e ghiacciato: inizi a precipitare al di sotto dello zero. Dunque, ecco una cosa fondamentale da ricordare: l'amore è calore. E lo stesso vale per l'odio. L'indifferenza è fredda. Pertanto, a volte, anche quando provi odio l'energia inizia a scorrere; certo, quel flusso è distruttivo, eppure anche nella rabbia l'energia inizia a scorrere. Ecco perché dopo uno sfogo di collera la gente si sente bene: qualcosa è stato scaricato.

È molto distruttivo, e sarebbe potuto essere creativo se fosse stato sprigionato attraverso l'amore, ma è comunque meglio che averlo trattenuto. Se sei indifferente, non fluisci.

Dunque, qualsiasi cosa ti aiuti a fonderti, a scioglierti, qualsiasi cosa ti scaldi è ottima. La prima scelta deve sempre essere l'amore: se non è possibile, la seconda opzione dovrebbe essere la rabbia. E queste sono le uniche due scelte, la terza non è una scelta. Ma la maggior parte delle persone ha optato per l'indifferenza, per questo vedi molte persone spente, morte, cadaveri che camminano... sono vive solo di nome, proprio perché sono indifferenti. Quando inizi a scorrere, a fluire... devi scoprire con la tua esperienza personale e diretta questa legge fondamentale.

Confrontarsi con la gelosia

Ciò che dico non diventerà mai un'esperienza, fino a quando non sarai tu a sperimentare queste cose. E in che modo puoi farlo? Il modo è questo: porta la gelosia di fronte a te, è nascosta in te...

Non reprimerla, esprimila!

Siedi nella tua stanza, chiudi le porte, e porta la tua gelosia di fronte alla tua consapevolezza, fa' che sia il tuo fuoco d'attenzione. Osservala, vedila, lascia che diventi una fiamma fortissima, fa' che sia il più potente possibile: brucia in quel fuoco e vedi di che cosa si tratta.

Inoltre, non cominciare mai dicendo che è qualcosa di brutto, qualcosa di male: quella stessa idea la reprimerà, non le permetterà di esprimersi totalmente. Non avere opinioni! Cerca semplicemente di cogliere l'effetto essenziale di ciò che la gelosia è, la sua realtà esistenziale.

Non interpretare, non mettere in gioco ideologie! Dimentica tutti i Buddha e il loro lavoro, dimenticati di me: lascia semplicemente che la gelosia sia presente.

Scruta in essa, osservala in profondità... e fa' la stessa cosa con la rabbia, con la tristezza, con l'odio, con la possessività. Piano piano vedrai che il semplice osservare a fondo queste cose, inizierà a procurarti una sensazione trascendentale: sentirai di essere un semplice testimone, imparziale e distaccato. L'identità verrà spezzata: l'identità si spezza solo quando ti confronti faccia a faccia con qualcosa, dentro di te.

Addentrarsi nella paura

Quando: Qualche volta durante il giorno, a stomaco vuoto, oppure due o tre ore dopo aver mangiato, altrimenti si potrebbe vomitare.

Prima fase: Chiudi la tua stanza, se possibile mettiti nudo, oppure indossa abiti comodi e siediti a gambe incrociate.

Seconda fase: Metti le mani a circa cinque centimetri al di sotto dell'ombelico e premi in quel punto. Poi lascia andare; quella pressione opera come uno stimolo. Puoi smettere di premere quando inizia ad accadere qualcosa, nel giro di due minuti circa.

Semplicemente premendo l'*hara* in quel punto, in te affiorerà una paura immensa e la tua respirazione diventerà caotica, a quel punto lascia accadere qualsiasi cosa affiori e immergiti in ciò che accade. Potresti sentire un forte tremore: collabora! Potresti provare la sensazione di rollare per la stanza: fallo! Se la respirazione diventa caotica, lascia che lo sia. Se le mani iniziano a muoversi... qualsiasi cosa accada, lasciala accadere. Se ti senti di danzare, danza. Non strutturare nulla, non fare nulla: lascia semplicemente accadere ciò che accade. Sii posseduto!

Questa fase può durare dai venticinque ai quarantacinque minuti e darà benefici incredibili. Perché si completi, potrebbero volerci come minimo due mesi, ma sarà un vero e proprio processo primario e si raggiungerà uno spazio abissale dentro di sé.

Terza fase: Prima di andare a dormire, sdraiati sul letto a occhi chiusi e immagina una lavagna nera, la più nera possibile. Su quella lavagna visualizza il numero 3, per tre volte.

Prima visualizzalo, poi vedilo, e infine cancellalo; visualizzalo, vedilo e cancellalo, per tre volte. Poi visualizza il numero 2 per tre volte, e ogni volta cancellalo, dopo averlo visto. Poi visualizza il numero 1 per tre volte, e ogni volta cancellalo, dopo averlo visto; infine visualizza lo zero. Quando arriverai a visualizzare lo zero, proverai un profondo silenzio, quale non hai mai sperimentato in precedenza: quel silenzio aumenterà man mano che il processo di questa meditazione si evolverà.

Cerca di completare l'intero esercizio prima di addormentarti. Procedi lentamente e amorevolmente: ci vorranno due o tre minuti. Anche dentro di te esistono questi livelli per cui, quando sarai arrivato allo zero, avrai toccato il livello zero dentro di te. Il giorno in cui questo processo verrà completato cadrai in un silenzio assoluto: sarà come se l'intera esistenza fosse improvvisamente scomparsa e non esistesse nulla. Avrai a quel punto un'intuizione di portata immensa.

Il commento di Osho: «Entra in te, non avere paura. E quando riemergi, sii una persona completamente diversa. Occorre lasciare dietro di sé colui che entra in se stesso e assumere un nuovo volto, il tuo volto originale. Questa è l'alchimia della meditazione: lasciare cadere la maschera e scoprire il volto originale. Quando entri in te, sei la vecchia maschera; quando riemergi, riemergi con un volto fresco, il volto originale. Questa esperienza quotidiana, piano piano, diventerà la tua esperienza silenziosa di ventiquattr'ore su ventiquattro. Non c'è bisogno di dire a nessuno che sei un Buddha; gli altri lo capiranno da soli. Non puoi nascondere il fuoco; non puoi neppure nascondere un Buddha».

Confrontarsi con la propria paura

Quando: Ogni notte.
Durata: 40 minuti.

Prima fase: Siediti nella tua stanza con tutte le luci spente e inizia a provare paura. Pensa a tutte le cose più orribili che riesci a immaginare: fantasmi, demoni, qualsiasi cosa sconvolga la tua immaginazione; immagina che i mostri più terribili danzino intorno a te e che tu sia afferrato da forze malvagie. Lasciati scuotere a fondo dalla tua immaginazione: queste forze ti stanno uccidendo, tentano di violentarti, ti soffocano. Immergiti quanto più ti è possibile nella paura e lascia affiorare qualsiasi cosa, scendendo in profondità in quelle sensazioni.

Seconda fase: Durante il giorno, in qualsiasi momento la paura ti afferra, accettala. Non rifiutarla, non pensare che sia qualcosa di sbagliato che devi padroneggiare, dominare. È naturale: accettandola in queste situazioni ed esprimendola di notte, le cose inizieranno a cambiare.

Dalla paura all'amore

Per mutare l'equilibrio dalla paura all'amore.

Durata: 40–60 minuti.

Prima fase: Siediti comodamente, con le mani unite in modo che la destra sia sotto la sinistra e i due pollici siano uniti. Questa posizione mette in moto l'energia, in modo particolare. La mano destra è collegata con il lato sinistro del cervello, la sinistra con il lato destro. Il lato sinistro è la sede della ragione, ed è un codardo: un uomo non può essere al tempo stesso un intellettuale e una persona audace. Il lato destro è la sede dell'intuizione.

Seconda fase: Rilassati e chiudi gli occhi. Allenta la mascella e lasciala pendere, in modo da iniziare a respirare attraverso la bocca. Quando respiri attraverso la bocca, e non attraverso il naso, crei un nuovo schema di respirazione; in questo modo, il vecchio modello può essere spezzato.

Inoltre, quando respiri attraverso le narici, il cervello viene continuamente stimolato: ciascuna delle due narici stimolerà i due lati del cervello, proprio perché il naso ha due aperture verso l'alto, mentre la bocca è un'unica apertura verso il basso. Quindi, respirando attraverso la bocca non stimoli il cervello: il respiro va direttamente nel torace.

Questo esercizio creerà dunque un profondo silenzio, spezzerà qualsiasi dualismo dandoti un nuovo stato di rilassamento e le tue energie inizieranno a fluire in modo nuovo.

Rivivere l'infanzia

Non si deve temere nulla: tutto dev'essere semplicemente compreso. Tutta la vita di una persona deve diventare semplicemente una storia di comprensione: nessuna paura, nessuna rabbia, non occorre nulla di tutto ciò. Quelli sono solo inutili ostacoli alla comprensione...

Primo stadio

Quando: Ogni notte prima di dormire.
Durata: 10–15 minuti.

Prima fase: Siediti sul letto con la luce spenta. Diventa un bambino: sii il più piccolo possibile, torna al ricordo più remoto che puoi avere... probabilmente arriverai ai tre anni, prima di allora abbiamo praticamente dimenticato tutto dell'infanzia. E sei solo...
Seconda fase: Inizia a piangere e a balbettare, emetti suoni senza senso. Impazzisci e lascia che le cose affiorino: inizieranno ad affiorare molti suoni. Se senti la voglia

di urlare, lascia che accada, per il puro e semplice piacere di farlo, per dieci o quindici minuti.

Terza fase: Adesso va' a dormire portando con te quella semplicità e quell'innocenza infantile.

Secondo stadio

Quando: Durante il giorno, ogni volta in cui ne hai l'opportunità.

Sulla spiaggia, comportati come un bambino che raccoglie conchiglie e pietre colorate, corre in giro senza ragione e costruisce castelli di sabbia. E ogni volta che trovi dei bambini, gioca con loro, senza restare un adulto. Quando ti è possibile, mettiti nudo e sdraiati a contatto con la terra, così da sentirti come un bambino. Oppure, fa' smorfie allo specchio, oppure sguazza nell'acqua come un bambino: procurati delle ochette di plastica con cui giocare nella vasca da bagno.

Il commento di Osho: «La sola cosa necessaria è riconnettersi di nuovo con la propria infanzia, e quelle tensioni scompariranno: sono iniziate lì, e tu devi afferrarle là dove hanno avuto origine. Devi andare alla radice delle cose, poiché le cose possono cambiare solo se ne afferri le radici... dunque, è fondamentale rivivere l'infanzia. E tutto ciò che ti opprime se ne andrà, e nel momento in cui scomparirà percepirai il reale fluire della tua energia».

Radicarsi

Questo è uno dei problemi fondamentali dell'uomo moderno: l'intera umanità soffre di un profondo sradicamento. Quando ne diventi consapevole, percepirai sempre una instabilità nelle gambe, un senso di insicurezza, in quanto di fatto esse sono le radici dell'essere umano.

Attraverso le gambe, l'uomo è radicato alla terra.

Una volta messo a fuoco il problema, sei già sulla buona strada per risolverlo: adesso devi fare due o tre cose...

Prima fase: Ogni mattina, prima di metterti a correre, stai fermo sui tuoi piedi, allargando le gambe di circa quindici o venti centimetri, e chiudi gli occhi. Poi, come prima cosa sposta tutto il tuo peso sul piede destro, come se poggiassi solo su quella gamba, alleggerendo così, totalmente, la gamba sinistra. Prova a fondo questa sensazione e poi sposta il peso sul piede sinistro. Adesso tutto il peso è sulla gamba sinistra e il piede destro è completamente libero, quasi non avesse nulla da fare: si trova lì, a terra, senza avere su di sé alcun peso.

Fallo quattro o cinque volte e percepisci questo spostamento dell'energia: percepisci come ci si sente, sia appesantiti, sia alleggeriti. Poi cerca di stare esattamente nel mezzo, né a sinistra né a destra, ma su entrambe le gambe. Resta semplicemente nel mezzo, senza poggiare con maggior enfasi su nessuno dei due lati: al cinquanta per cento! Quella sensazione di "cinquanta e cinquanta" ti radicherà di più alla terra.

Seconda fase: Se sei vicino al mare, va' ogni mattina a correre sulla sabbia.

Se non sei vicino al mare, corri da qualsiasi parte, a piedi nudi: non mettere scarpe o sandali di alcun tipo, corri sulla terra nuda, così da avere un contatto diretto con la terra.

Nell'arco di qualche settimana inizierai a percepire un'energia incredibile e una forza nuova nelle gambe.

Inoltre, inizia a fare respiri profondi. Di certo la tua respirazione dev'essere superficiale, e con un respiro che non va in profondità ci si inizia a sentire sradicati. Il respiro deve raggiungere le radici del tuo essere, e quelle radici sono il tuo centro sessuale; pertanto con la respirazione deve esserci un massaggio costante del centro sessuale. Allora ci si sente radicati.

Altrimenti, se la tua respirazione è superficiale e non tocca mai il centro sessuale, ci sarà una frattura che ti farà sentire insicuro, incerto, confuso; non saprai chi sei, dove stai andando... ti sentirai semplicemente alla deriva. In questo modo diventerai scialbo, privo di vitalità.

Infatti, come può la vita non avere scopo? E come può esistere uno scopo se tu non sei radicato nella tua energia?

Quindi, come prima cosa, radicati alla terra, che è la madre di ogni cosa.

Poi radicati nel centro sessuale, che è il padre di ogni cosa.

Infine, sii completamente a tuo agio, centrato e radicato.

Terza fase: Termina la tua corsa ripetendo le istruzioni date per la prima fase.

Epilogo
Un'esplosione... per sempre!

La meditazione ha un effetto catalitico:
una mente totalmente silenziosa
libera da qualsiasi pensiero,
un corpo totalmente rilassato
libero da qualsiasi tensione,
un cuore totalmente vuoto
libero da qualsiasi stato d'animo,
privo di sensazioni, di sentimenti, di emozioni.

A quel punto, aspetta semplicemente.
In questo silenzio, in questa serenità,
aspetta semplicemente...
e dal nulla qualcosa esploderà in te.

Certo, è un'esplosione...
di luce, d'amore, di un'incredibile beatitudine
che rimarrà con te per sempre.

Nota biografica

Osho (1931-1990) è un mistico contemporaneo che ha dedicato la vita al risveglio della consapevolezza. Ancora oggi i suoi insegnamenti ispirano milioni di persone delle estrazioni sociali e delle realtà esistenziali più diverse. E non si tratta di una fascinazione superficiale: l'aver accompagnato il "dire" con il "fare", creando tanti metodi e tante tecniche per risvegliare e alimentare la fiamma della consapevolezza, rende il lavoro di Osho «un'utopia concreta e a portata di mano» («Wimbledon»).

I suoi libri, tradotti in più di cinquanta lingue, sono ormai acclamati bestseller in molti paesi, tra cui l'Italia. Riportano trascrizioni di discorsi tenuti nell'arco di trentacinque anni, su una gamma infinita di temi: dalla ricerca individuale della felicità alle tematiche più pressanti della nostra epoca in ambito sociale, politico e religioso. In pratica, delineano una visione globale che propone al genere umano un destino diverso dalla lunga marcia della follia in cui si può riassumere il nostro passato.

Per un catalogo generale rivolgersi a:

Associazione Oshoba
Casella Postale 15
21049 Tradate (Varese)
tel. & fax: 0331.810.042
e-mail: oshoba@oshoba.it – Sito web: www.oshoba.it

A Pune, in India, è sempre più fiorente il Resort di meditazione che si ispira alla visione di Osho, tesa a creare un Uomo Nuovo, da lui definito "Zorba il Buddha", un essere che vive la propria vita con profonde radici nell'esistenza e ali maestose dispiegate nel cielo della consapevolezza.

Qui, ogni anno, giungono da tutto il mondo ricercatori del Vero consapevoli di trovare in questo habitat, immerso nella meditazione e nella concretezza della vita quotidiana, gli strumenti necessari per evolvere e apprendere l'arte di vivere in equilibrio e in pienezza tutte le dimensioni in cui la vita dell'essere umano si estende.

All'interno del Resort si trova la Osho Multiversity, una "multiuniversità dell'essere" che offre un'ampia gamma di corsi e programmi di crescita interiore.

Per informazioni e approfondimenti: www.osho.com

Indice

Premessa
3 Una dimensione diversa

Introduzione
5 L'arte di essere se stessi

Parte prima
57 La natura delle emozioni

Parte seconda
79 La rabbia

Parte terza
109 La gelosia

Parte quarta
133 La paura

Parte quinta
157 Il segreto della trasformazione: comprensione

Parte sesta
171 Suggerimenti pratici

195 *Epilogo*
Un'esplosione... per sempre!

197 *Nota biografica*

MISTO
Carta da fonti gestite in maniera responsabile
FSC® C115118